髙山正之
Masayuki Takayama

日本を支配してきたアメリカの悪の正体

戦後80年の呪縛

ジェイソン・モーガン
Jason Morgan

徳間書店

まえがき

ジェイソン・モーガン

いま、世界は変化の時代に突入しています。アメリカで二〇二〇年の選挙不正によってジョー・バイデンという操り人形がホワイトハウスに四年間も座り込む作戦が終わり、トランプの第二次政権が誕生したことで、変化は爆発的なものになりつつあります。

帝国主義、殺戮、プロパガンダなどの手段を使いこなして世界秩序を自分の都合に合わせて築いたワシントンはもう、アメリカ国民を騙《だま》しきれなくなり、トランプの支配下に入ったワシントンは世界から撤退しようとしています。

ワシントンが仕掛けたウクライナ戦争はヨーロッパの問題であり、ヨーロッパが責任をとればいいというのがトランプ政権の考えです。もっと長い目でウクライナ戦争を見れば、五〇〇年以上前からのヨーロッパの無秩序から生まれたアメリカがやっと、ヨーロッパにさようならを告げる時が来たということです。トランプはロシアのプーチン大統領と早急に停戦して、無駄な人命の損失をおさえ、ウクライナの鉱物資源を戦費として徴収することを優先しています。当然ながら、ウクライナの傀儡《かいらい》政権はもう、アメリカ国民の血税に寄生することができなくなりました。これはアメリカにとって歓迎すべきことですが、日本やヨーロッパのメディアがこの結果に大ブーイングをしていることは、まだまだアメリカ国民の血税にしがみつく寄生虫が日本と世界で数多く残っていることを物語っています。

戦争ビジネスやジェノサイドで世界の覇権を奪ったアメリカは、世界に関与することをやめて、北米と南米に加えてグリーンランドやパナマ運河を含む生存圏（レーベンスラウム）に立てこもるつもりです。すでにこれまでの「西側世界」などというものは影も形もなくなってしまったと考えるべきですが、そもそも、「西側」は五〇〇年以上の大虐殺の上に成り立ってきました。アメリカが自国に閉じこもることが「西側」の反省につながればいいと期待しています。

西側が全世界で行った五〇〇年の大虐殺の挙句、グローバリズム、つまり西側の利益を守るための世界秩序が形成されましたが、西側、とりわけアメリカが世界の頂点にのしあがった途端に、グローバリズムの本質、つまり、アメリカの利益ではなくてワシントンの利益にすぎなかったことが丸見えとなり、グローバリズムの時代は終焉をむかえつつあるのです。

ドル基軸通貨体制によって世界から富を奪い取るという三角貿易のような仕組みも機能不全に陥る可能性が高くなってきました。グローバリズムを主導してきたワシントンのディープステートも、もはや、グローバリズムの継続は不可能と考えるようになりました。アメリカの時代は、もう、終わってしまったのです。

こうしてワシントンは陥落しました。ワシントンの一番忠実な下僕であった、永田町は新時代にどう生きればいいのか。これまでグローバリズムとドル基軸通貨体制に加えて日米安保体制という条件によって繁栄してきた日本にとっても、根底から自国の存亡をゆるがす事態がこれから始まります。

これまでの日本は、国家の安全は日米安保第五条におんぶにだっこで、自由貿易という枠組みを用意されて、その仕組みのなかでいい製品をつくることで繁栄できるという、経済的にきわめて恵まれた環境にありました。

一方で、経済的に繁栄していても、日本はその代価として精神的な衰退を甘受せざるをえませんでした。アメリカの占領政策によって日本はそれまでの歴史や文化を否定され、アメリカによる洗脳支配による自主独立の気概の喪失という民族の存亡にもかかわる重大な欠陥を抱えさせられてきました。しかも戦後日本で、もっとも愛国者で保守的だと声高に叫んできた連中、産経新聞に代表されるいわゆる〝拝米保守〟は、一番占領軍に媚び諂《へつら》う戦後利得者だったことがもう、バレバレとなってしまいました。戦後レジームがどれだけ惨めなものだったかということを理解してしまった日本国民にとっては、いままで通りの政治体制はすでに許容できないものとなりつつあります。

ここに大きなチャンスが潜んでいます。いま、良くも悪くも戦後八〇年という長きにわたったアメリカの影から日本が解放される機会が訪れているのです。ただし、そのためには、日本人が相当な自覚と覚悟を持つ必要があることは言うまでもありません。

アメリカの軛《くびき》から逃れるために、これから日本は革命ともいうべき戦いに挑まなければなりません。時には、アメリカの意向を無視して水面下で秘密交渉をするなど、いままでの常識を超えた極端な手段をとらなければ、日本という国家の存続は危ういでしょう。しかも、そのための時間は、それほど残されていないというのが、私の考えです。

すでにトランプのアメリカは日本ハズシを決めていると私は考えています。うかうかしていたら、日本は朝鮮半島と台湾を抱えさせられて、世界から見放されかねません。

しかし、アメリカの世界からの撤退は、真の独立を摑む絶好の機会になるでしょう。そのためには日本は何をしなければならないのか。ジャーナリストの高山正之先生と突っ込んだ話し合いを本書で展開することができたのは、ひとえに高山先生の高いご見識のたまものと感謝申し上げるしだいです。

先生は、産経新聞社の記者としてアメリカに長く駐在された経験をお持ちで、輝いていたアメリカがみすぼらしく落ちぶれていった過程をつぶさに観察してこられました。私はアメリカ人ですが、アメリカは北部と南部に分裂した国家で、私は南部人としてアメリカを見てきました。

アメリカを日本人の立場から見てきた髙山さんと、いわゆるアウトサイダーしての視点という意味で、共通の認識に基づいて議論ができたことはなによりの収穫でした。

これまで私が思いもしなかった発想や思考が、髙山先生との対話に触発されて生まれました。私の過激な発言に対しても、髙山先生は懐の深い態度で受け止められ、よりよい解決の道筋を随時示されました。日本の未来を担う読者の皆さんにも、本書の議論が参考になるようであれば、これにすぐる喜びはありません。

戦後80年の呪縛　日本を支配してきたアメリカの悪の正体――◎目次◎

第一章　トランプでもアメリカは復活できない

第二章　どうしようもなく崩れていくアメリカ

第三章　戦後80年もアメリカに支配され続けた日本

第四章　アメリカの黒歴史を暴く

第五章　アメリカなき世界で日本は独立を目指す！

装幀―赤谷直宣

第一章

トランプでもアメリカは復活できない

髙山　トランプの第二次政権が始まりました。大統領選挙戦で公約に掲げていた関税の引き上げも就任早々から始めています。ウクライナ戦争の和平交渉についてもロシアとの交渉を先行して進めようとしている。

一方でヨーロッパに対してはきわめて冷たい態度です。国内的には、イーロン・マスク率いるDOGE（政府効率化省）が、連邦政府機関の膿《うみ》を出そうと荒らし回っています。まずはUSAID（米国際開発局）を機能停止にして、資金をストップさせました。まだ始まったばかりですが、これからアメリカで始まるだろうトランプ革命とはどういうものになるのか。

モーガン　いま起きつつあるトランプ革命の中心にあるのは、私たちアメリカ国民はワシントンが大嫌いだということです。敵は中国ではなく、唯一本当の敵はワシントンです。トランプ大統領はその汚れ切ったワシントンを一掃しようとしていて、気持ちいいくらいです。

髙山　それがトランプのもう一つの公約である「ドレイン・ザ・スワンプ」（沼の水を抜け）ということですか。

モーガン　「ドレイン・ザ・スワンプ」では全然足りない。あのワシントンの連中は本当に雁首《がんくび》並べて銃殺してほしい。「シュート・ザ・スワンプ」（汚れたやつらを撃ち殺せ）ですよ。ビルとヒラリー・クリントン、ブッシュ一族たち、ブッシュ政権の副大統領だったディック・チェイニーたち、彼らを一列に並べてバンバンと今の政権がやればいい。

アフガニスタンとイラクで殺された人々は、われわれの敵ではなかった。戦争中の日本人もそうでした。私の祖父も「日本人は敵ではなかった」と、よく言っていました。太平洋の反対側にある国の人々が敵のはずはない。

高山　イーロン・マスクのDOGEがまずUSAIDをつぶそうとしています。司法関係でも人員総入れ替えぐらいの、ものすごい人事異動が起こりそうです。

モーガン　しかし、総入れ替えしても、あいつらはまだ生きている。それが問題です。シロアリは放置してはいけない。駆除すべきです。

アメリカのレーベンスラウム（生存圏）をトランプがつくる

高山　トランプ大統領は、就任前から意表をつくような発言が続いています。たとえばグリーンランドをよこせとか、パナマ運河はアメリカが接収するとか言っている。
たしかにパナマ運河はコロンビアの一州にわざと独立運動を起こさせて、軍隊を出してそれを助けてやる代わりに運河用地を取った。米国の政略植民地だった。

モーガン　一九七九年にジミー・カーター大統領が、パナマ運河を一ドルで売り払うという約束をして、実際には一九九九年に返還しました。

髙山　パナマ運河は背後に中国企業が入りこんで、いまでは中国人不法入国者と中国麻薬フェンタニルの通用門になっている。アメリカにとって看過《かんか》できない汚物流入口だ。グリーンランドも北海航路の利権とレアアースを中国が握ろうとしている。だから、アメリカには両方とも許せない。

モーガン　それに対するトランプ大統領の発言は別に悪くありません。当然のことです。

髙山　米国の大統領としては、あたりまえの発想ですね。ただ、トランプの言い方が粗雑なので、中国外しで、アメリカが取り返すという意図が露骨に出てしまうので、国際的な評判はあまりいいとはいえない。
トランプはアメリカにとって重要な地政学的要衝としてグリーンランドとパナマを

取ろうとしている。トランプはそれをきれいな言葉でなくてけんか腰でやるから、世界はあきれ果てているようですが、言いたいことは中国、ロシアを抑止すべきだというわけだ。

中国は北極海航路の基地を着々とグリーンランドにつくっている。そんな不遜な中国に比べたら、日本はその一〇〇分の一もやっていない。礼を尽くして国際法も全部守っているのに、アメリカはなぜ中国をここまで放置してきたのか。私にはそれが不思議だった。日本は大嫌いだが、中国人は理解できるという、同朋意識がどこかにあるのでしょうか。

モーガン　そうです。似たもの同士といいますか、日本が国際法を守っているからこそ、アメリカや中国に嫌われるんです。国際法を守っているようなばかがこの世界にいるのかと思っている。中国が国際法を無視するのは、やはりものごとがよくわかっているとアメリカ人は思うわけです。国際法を必死になって守っている日本のほうが異質なのです。

ニューヨーカーというのがトランプの限界

髙山　トランプは、安倍元首相とは本当にウマが合いました。そういう二人の関係を抜きにしても、けっこう日本が好きみたいな噂もある。石破首相との初の首脳会談でも石破さんをけっこう立てていました。今回は、トランプも二期目ということもある。少しは勉強しているのではと期待していますが。

モーガン　トランプは決して悪い人ではない。ただ、たとえば新日本製鉄がUSスチールを買収したいという問題に関して、バイデンとは違う理由で日本の買収を認めないのではないでしょうか。トランプは「日本は戦争の敵だった」と発言している。そういう対日意識はあると思います。

髙山　日本イズムにUSスチールがなじめば、いい会社になるはずです。新日鉄の特殊鋼板の技術があれば、競争力が強化される。ヴァンス副大統領が書いてベストセラーになった『ヒルビリー・エレジー』（光文社）の中で、川崎製鉄が現地のアームコという中小の製鉄会社と合弁したことで救ってもらったことが書いてある。

もちろん日本企業による買収には抵抗があったようですが、川崎製鉄の援助でなんとかアームコは存続できた。そのあと、結局破綻したようですが、少なくとも一定期間は雇用も維持されて、助けてもらったという意識もあったようです。

モーガン　しかし、それは南部での話です。南部人は周りの人々と仲よくしたい。日本人とも仲よくしたいという気持ちがある。外国人は人種が違っても、それは問題にならない。ところが北部の人間が「日本は敵だった」などと持ち出すから問題になる。帝国はいやだ、ほかの人の国へ行って人殺しをするのはいやだ、というのが南部人の気持ちです。私たち南部からすれば、日本は敵じゃない。

トランプはマンハッタン出身のニューヨーカーです。そこがトランプの限界です。残念ながらトランプは北部人で、それが壁になっている。

高山　いまアメリカはクレージーな構造が露わになっていて、一部にはその原因をつくったのがディープステートだという言い方をする人たちも出てきている。トランプの第二次政権がそうした悪しき構造を破壊するのではないかとみんな期待していますが、モーガンさんはどう考えますか。

モーガン　残念ながら、トランプの第二次政権は失敗に終わってしまう可能性が高いでしょうね。

カリフォルニアとワシントンは早く消えてほしい

髙山　２０２４年のトランプとカマラ・ハリスの大統領選では、アメリカが分裂国家になっているとさかんに言われました。モーガンさんからはアメリカの現状は、どう見えますか。

モーガン　理想を言えば、まずカリフォルニア州を海に沈めてほしい。そうなれば全人類が喜ぶでしょう。われわれルイジアナは、ニューオリンズの隣のミシシッピの南部からアラバマの南部のメキシコ湾（トランプがアメリカ湾と名称変更）くらいの地域で、一つの文化圏になる可能性が高い。この地域はどちらかというとアフリカ文化圏です。カリブ海とほぼ変わらない。

髙山　クレオール文化ですね。

モーガン　そうです。カリブ海のジャマイカからニューオリンズあたりは、クレオール文化と言っていい。

髙山　アカデミー賞を受賞した有名な映画『フォレスト・ガンプ』の舞台もあの辺ですね。

モーガン　『フォレスト・ガンプ』はばりばり白人という感じです。アラバマあたりでしょう。映画ではトム・ハンクス扮する主人公フォレスト・ガンプが友人のババの意志を継いで、エビ漁業で大成功するところで終わりますが、そのババが、私たちの仲間です。

　ワシントンはとにかく燃えて、消えてもらったほうがいい。あとは、オハイオやマサチューセッツはまったく愛情がなくて、勝手にしてくださいです。

髙山　それはドイツ移民がいるという意味ですか。

モーガン　ドイツ移民がいるというより、ばりばりの白人だからです。ニューオリンズでは白人という意識がありません。昔は違うけど、ニューオリンズの人たちは、みんな混血児で、白人ではない。理想を言えば、インディアンに戻る。アメリカがインディアンの国になることを望んでいます。

トランプは『オズの魔法使い』のドロシーの家

髙山　トランプは関税をかけまくって、アメリカの製造業を復活させようとしている。その一方で減税政策をやって、アメリカの国民所得を増やして、消費を盛り上げてGDPの成長を維持しようとしています。すべてはアメリカ・ファーストで国内を守ろうという政策ですが、そうなると世界は必然的にブロック経済化していくことになる。ある意味ではモンロー主義のアメリカに近い、中南米と北アメリカが一体となったレーベンスラウム（生存圏）の復活を目指しているようにも見えます。

モーガン　私や私の家族が言っているのは、トランプはただの時間稼ぎだということです。ただ、トランプがまず「キラリー」というテロリストをつぶしてくれたことには、本当に感謝しています。

髙山　ヒラリー・クリントンではなくて、「キラリー・クリントン」というのは皮肉ですね（笑）。

モーガン　『オズの魔法使い』という有名な映画で、竜巻に巻き込まれた主人公ドロシーの家が偶然、「東の魔女」をつぶして英雄になるというシーンがあります。そのドロシーの家こそがトランプだとみんな言っています。あの「キラリー」という魔女をつぶしてくれた。それは一生の感謝です。トランプがまたホワイトハウスに入ったことで、四年稼いでくれるというのが私たちの実感です。

アメリカはもうヨーロッパを相手にしたくない

モーガン　トランプはおそらくヨーロッパのNATO体制をつぶしたいと考えているでしょう。

髙山　この二月にヴァンス副大統領がミュンヘンの安保会議に行って、問題は中国でもロシアでもない、ヨーロッパだと痛烈な演説をしましたね。

モーガン　アメリカ人からすればヨーロッパは本当にいやな存在です。正直なところ、ヨーロッパ製のチョコレートやワインなどはいいですが、それ以外は困った存在です。ヨーロッパ人は戦争ばかりやっていて、わざわざアメリカがかかわる価値がない。

トランプは、グリーンランドをアメリカ領にすると言っていますが、デンマークは偉そうにグリーンランドは渡せないと言っている。でも、デンマークはグリーンランドがほしければ奪い取ればいいのです。

高山　デンマークはもともとアイスランドを持っていた。それをアメリカが第二次大戦中に取ってしまった。しかもちょうど日本軍が南部仏印に進駐したときでした。日本はフランス政府の了解で南部に進駐したのに、アメリカは、日本を「許せない」と言って石油を禁輸にした。その傍らで、自分たちはここはドイツに取られてはまずいからと言って、アイスランドに進駐した。確かにドイツがここに出たら大西洋はドイツの海になりかねない。だけど米国はまだ参戦前だから、それは侵略行為そのものなのに、自分たちの侵略は正しいと開き直っている。当時、白人の傲慢を責めることができたのは日本人だけで、ほかの民族は文句も言えなかったのです。

モーガン　グリーンランドについては、トランプは天才的です。相手国はデンマークですが、トランプがたぶん言いたいのは、デンマークのような小国が偉そうに「グリーンランドは自分たちのものだ」と言って戦えるのかということです。

ヨーロッパの人々は、ウクライナの戦争で、どれだけアメリカに依存しているかをもっと考えろというメッセージにもなる。デンマークがいくら自分たちのものだと言っても相手にしないというのが一つ。

あともう一つはカナダです。トランプのカナダに対するいやがらせがすごい。それを聞くだけでアメリカ人はみんな喜びます。民主党も共和党もない。カナダは偉そうにしているけれど、存在感がまったくない国です。カナダの存在感はマイナスです。

高山　カナダは二級国なんですね。G7のメンバーであること自体がおかしいくらい。

モーガン　そうです。トランプは選挙後からすぐに、関税をかけると言って、カナダに対するいやがらせをすると、アメリカ人が喜ぶことをよく知っている。そうやってみんなが「よく言ってくれた」と拍手するわけです。それがトランプの天才的なところです。

高山　日本は中立な立場なんだから、そういう事情を新聞がもっと報道すればいいのに、まったくそれが欠けている。

モーガン　カナダに比べれば、メキシコはまだましです。

高山　メキシコは前からばかにされている。アラモ砦の戦いでテキサスを取られて、アメリカには好き放題やられてきた。

私はロサンゼルスに駐在していたことがあって、そのとき、駐在していたロスからバハ・カリフォルニアまで家族で夏休みに行った。ロスから直接バハ・カリフォルニアのカポサンルーカス空港で入国手続きをした。そして、海で遊んでロスに戻って、入国手続きをした。そしたら入国管理の担当から、「バハ・カリフォルニアで入国手続きなんかしたのか」と舌打ちされた。「あそこはアメリカの庭先なんだから、面倒な出入国の事務なんかやるな」と忠告された。そこで、次にバハ・カリフォルニアへ行ったときには、「ロス在住」だと言ってみた。そうしたら、バハ・カリフォルニアの入国管理官がすごく悲しそうな顔をして「行け」と言う。それで、「二等国民にはなりたくない」と切実に思ったことがありました。

モーガン　メキシコはそういう国です。でも、私がメキシコをかわいそうだと思わないのは、メキシコもスペイン帝国の時代に、インディアンをさんざん虐殺したからです。

髙山　でも、メキシコ南部国境のチアパス州に行くと、あそこにはインディヘナという原住民がいますよね。彼らの焼き畑農業が有害だというので、いまは居留区に入れて扶養控除みたいにして生活させています。そこに行って年頃の女の子に会いました。彼らと同じ肌の日本人が白人の通訳を使って、偉そうに指図しているのを見て、彼女はびっくりしていた。
　その彼女が別れ際にこう言ったんです。彼女はマヤ族でした。先祖はスペイン人に追われ、つかまれば男は殺され女は犯されるので、グアテマラとの境の森に逃げ込んで、生き残った部族でした。その彼女が「なぜ先祖はスペイン人に犯されなかったのか。犯されていれば、自分はメスチソとして普通に街を歩け、こんな所（居留地）に閉じ込められなくてもすんだのに」と言う。

モーガン　混血していれば、もっと地位は上になっていたという皮肉な話ですね。

高山　こちらは犯されたことのない日本人だから、なんと答えていいのか言葉に困ってしまった。通訳をしてくれたのは、ほとんど白人に近くて、スペインの若者という感じでしたが、聞いてみると、それでも結婚すると、生まれてくる赤ん坊が何色で生まれてくるか、いまでも怖いと言う。やはり先祖返りがあるみたいです。だから、人種というのは根深い問題だと思いました。

モーガン　北アメリカ、南アメリカはそういうワールドなんです。人種差別はやめられない。ルイジアナの私たちは先ほども言ったように、おそらくアフリカ文化の一部だと思います。カリブ海系かアフリカ系です。文化的にはブードゥーですし、食べ物もそうです。ジャズもアフリカでしょう。南部の沼地では、みんな混ざる。人種という意識はあまりなく育って、北部に行って初めて人種差別を知りました。

高山　普通は南部が差別的で、北部はあまり差別がないという印象ですが、本当はまったく逆なんですね。

モーガン　そうです。とくに私の故郷であるルイジアナは違います。ルイジアナとミシシッピの違いは、白人と黄色人種くらい違う。ルイジアナの人はほとんど日本人と一緒です。私自身も自分を白人と思ったことがない。先祖はいろいろ混ざっていて混血児だと思います。イベリア半島の先祖もいて、おそらくそこにはアフリカの遺伝子もかなり入っている。白人というのが気持ち悪い。自分が白人だなんていうのは、イコール、自分はナチスというのと一緒です。

高山　そういう意味で、トランプは白人というわけですね。

モーガン　トランプはバリバリの白人です。あの人は「ザ・白人」です。だから、彼の場合は、そこに限界がある。

高山　白人という限界があるんですね。

モーガン　もちろんトランプ自身は、人種差別主義者ではないと思います。かなりフラットに人や物を見る人だと思います。でも、「偉大なアメリカを再び復活させる」と言う。私は、アメリカは奪われた土地であり、それはインディアンのものだと思っています。

私もグアテマラに行って、マヤ族の人としゃべったことがあります。森の中に住んでいるのは、スペイン人に追われたからです。いまもマヤの人々は森の中に住んでいて、この歴史は消えることはないとグアテマラで思いました。

フェイクばかりだったジャーナリズムは復活するか？

高山　ジャーナリストの一人として、私がトランプに期待しているのは、バイデン時代にあれほどフェイクニュースに汚染されたアメリカが、少しはまともになって、本来のジャーナリズムが復活するのではないかということです。そうなれば、アメリカのリベラルメディアの後追いしかしてこなかった日本のジャーナリズムも、少しは反省するんじゃないかという期待がある。

たとえば、二〇二四年一二月一六日の朝日新聞夕刊に「トランプ政権再来で色濃く取り巻き資本主義」というトランプ批判の記事が出ていました。要するにトランプは、身内だけで政策を決めていると言っている。この記事を書いた記者は、他の人材を使えば、すべて弁護士になってしまって、敵を身内に入れることになるということに、なぜ気がつかないのか。

アメリカ大統領は世界で一番の権力者なんだから、近寄ってくる連中は、鵜《う》の目鷹の目で利権をあさりに来るに決まっているから信用できない。それを第一次トランプ政権でトランプは身をもって体験したことでしょう。

これからトランプは、二〇二〇年の不正投票の糾弾を必ずやるだろうし、FBIの長官を飛ばすだろうし、何が正で、何が邪だったのかを明らかにしていくでしょう。それで、アメリカ民主党のひどさがわかってくれれば、少なくとも米国報道については、いままでのような「トランプは有罪のまま大統領になる最初の人」といった悪口ばかりが報道されることはなくなる。

新聞報道は、中立でなければ報道とはいえません。どちらかに偏った見方では、海野素央や中林美恵子みたいになってしまう。そうならないためのいい警告にトランプの改革はなってくれるのではないか期待している。

トランプが、『ニューヨークタイムズ』を始めとするメディアの偏向報道を明らかにしていくと『ニューヨークタイムズ』を模範に、その記事を翻訳してきただけの日本の特派員も「自分たちの報道は間違っていたんだ」となってくれるとうれしい。トランプはメディアにどう対応しようとしていますか。

モーガン　『ニューヨークタイムズ』はますます偏向が激しくなっています。『ワシントンポスト』は、ジェフ・ベゾスの影響で記者がかなり辞めたようです。しかし、アメリカではメインストリーム・メディアは急速に衰退しつつあります。トランプは、SNSなどのネットメディアに期待しているように見えます。

日本でもメインストリーム・メディア自体の力が相当落ちてきています。朝日新聞を筆頭に、新聞の記事のレベルが相当程度下がっています。はっきり言って、あれは記事ではなくて、感想文です。ファクトなどどこを探してもありません。NHKも同様です。ほとんどCNNになっている。

髙山　新聞の強みは即日記事になることです。そのときのファクトはこういうものだ、と記事で書く。そして、情報というのはコンテンツだから、コンテンツが「やっぱり新聞じゃないとだめだ」という原点に立ち戻らないといけない。

モーガン　そこは必ずやらないとだめですね。

高山　産経までトランプの悪口を書いてるなんて、残念でしょうがない。

第二章

どうしようもなく崩れていくアメリカ

明るく輝いていたあのアメリカはどこへ消えたのか

髙山　私が産経新聞の社会部のときに、航空関係を担当していて、ロッキードがつくった当時最新鋭の旅客機トライスターのロールアウト（公開）に記者を招待するというので、パームデールのロッキードの工場まで行ったことがあります。

アメリカをこの目で初めて見て、その明るさに驚きました。西海岸ですから本当に明るい青空が広がっている。ステーキは分厚くて食べきれない。豊かなアメリカを実感しました。

そのときにロッキード社の広報課長の家に日本人記者団が招待されました。記者団といっても在京新聞社だけで一〇人もいなかったのですが、広い芝生の庭があって、居間では奥さんがグランドピアノを置いて日本の記者を前にピアノ演奏を聞かせた。窓を全部開けて弾くから、近所に聞こえるだろうと心配したら、逆に「聞こえなくちゃだめ」という。次のホームパーティでご近所さんが集まったときに、「この前来ていたのは誰？」と聞かれて、「日本のプレスが来た」と答えられるというわけです。

そのためにわざわざ窓を開けてピアノを弾く。そういう明るいアメリカでした。

それから二〇年して、五〇歳になってからロサンゼルス特派員としてアメリカに行きました。そうしたら、たった二〇年で、これが同じアメリカなのかと思うくらい貧しくなっていた。同じ課長クラスの収入は半減して広い庭にグランドピアノなど望むべくもなかった。一九九〇年代の初頭でビル・クリントンが大統領になったくらいのころです。

ロドニー・キング事件やロス暴動やO・J・シンプソンの事件などは全部、私が担当しました。そのときに一番びっくりしたのは、毎年司法試験が二回あって、ロースクールの卒業生が、毎年三万五〇〇〇人ずつ弁護士になっていた。日本の全弁護士と同じ数の新弁護士が誕生していた。

だから訴訟はやたら多い。たとえばインフォームド・コンセントも実は訴訟がベースにある。患者に死期をはっきり言わなかったというだけで医者が多額の金を取られたりする。SB8という堕胎剤を使った医師は、見つかれば懲役九九年で、医者の免許の取り上げだとか。密告に報償を出すホイッスル・ブローワー法ができて、社員が会社を訴えていた。

モーガン　内部告発を奨励する法的な仕組みですね。

髙山　企業の不正行為を告発してもクビにはならないばかりか、不正な利益の一割ぐらいをキックバックするような、めちゃくちゃな法律になっている。そういうのをホイッスル・ブローワー法と言いますが、それは実は南北戦争のときにあった法律の焼き直し版だという。

そういうアメリカの法制度については、テイミー・ブライアントというUCLAのロー・スクールの女性教授からいろいろ教えてもらいました。

なぜアメリカは密告法みたいな、いろいろな法律をつくるのかと聞いたら、「新しくできた国だから思いつく限りどんどん法律化して、いい法律は残す」という考え方だという。でも、それは毎年三万五〇〇〇人ずつ増えていく、いまや陸海軍の軍人より増えてきた弁護士を食わせるための手段でしかないような気がする。じつはそれがアメリカ民主党の中核になっていると思う。

企業を訴えるのは、正義のための戦いだと思っていたら、その訴訟のために企業がどんどんつぶされて、気がついたら社員がみな失業する。弁護士はぼろ儲けしたうえ、米国で高い賃金を出すより、中国に工場を建てたほうがいいとか、メキシコのほうが効率的だとか、アドバイスをする。それで、企業はどんどんアメリカから出ていってしまう。それらを先導しているのが全部、弁護士たちなんです。だから、彼らが弁護士族というアメリカの新しい階級になったのではないかと思う。

アメリカの一ドル札の裏には、ピラミッドに目が描かれている図柄がある。あのデザインはフリーメーソンの印だと言われますが、要するに頂上に立つべき支配者がいないというのを象徴しているのかと思っていたら、いまは完全に弁護士によって乗っ取られてしまったのではないか。

モーガン　そのとおりです。いまのアメリカは完全に階級社会になっています。もちろん弁護士が上流階級です。私たち下層階級の人間は彼らの食いものにされている。弁護士が権力を握ってしまっていて、弁護士の存在を前提とする社会になっている。

例えば、アメリカに日本のような国民健康保険制度がないのは、弁護士が強いからです。医者が患者からすぐ訴えられるので、国民健康保険で受け取る診療報酬では訴えられた金額をまかなえない。弁護士が強すぎるのが問題です。

そもそもなぜ法律が必要かというと、日本の社会とはまったく違って、アメリカの社会は韓非子の世界だからです。要するに人間がだめだからです。「万人の万人に対する戦い」と言ったホッブズ的なプロテスタント的な考えがあるから、法律がオールマイティーにならざるをえないのです。

髙山　新しく下層階層にされている人が増えているのは間違いない。ところが、そういう下層階層の人はなぜか共和党を支持しないで、民主党支持です。

私がアメリカに駐在していたときは最初に、エリート階層は、民主党支持だと言われた。共和党支持者はレッドネック（白人労働者は首が日に焼けて赤茶けているのでこう呼ばれる）だという言い方をする人もいた。

モーガン　なぜ彼らが共和党を支持しているかというと、とくに共和党が好きだからではなく、階級問題だからです。民主党は敵だから、共和党はせめて闘ってくれると思うからです。私もアメリカの田舎で、トラクター作業など外の仕事をよくやっていました。だから私も完全にレッドネックなんです。

中国が敵だと言われても、われわれ南部のアメリカ人には通じない話です。あのヤンキーのやり方はわかっていて、「中国は敵だ」と言うけれど、「ワシントンのおまえたちこそが敵じゃないか」とわたしたち南部人は思っています。

弁護士に支配されるアメリカ

髙山　一九九〇年代初頭に、私は産経新聞社のロサンゼルス支局にいて、訴訟問題を通してアメリカ社会の歪みを新聞に連載し、そのあと文藝春秋社から『弁護士が怖い！』（文春文庫）のタイトルで出版しました。ちょっと事情があって立川珠里亜という中国系の女性弁護士との共著になりましたが、中身はほぼ私が書いたものです。

モーガン　立川というと日本人のようなお名前ですね。

髙山　立川女史は本名が「顔（ガン）」で。その「顔」という字の偏の「彦」を分解すると、「立」に「川」なので、「立川」と名乗っていました。「ガンスイファ（イェンスイファ）」と言うんだけれど「珠里亜」は勝手に創氏改名しているだけです。彼女が日本名を通名にしていたのは日本人の顧客が多かったからで、中国人のわりには心がきれいだった。

当時、日本のある有名製薬会社が、米国の研究所に年間一〇〇万ドル以上、全部合わせると五〇〇万ドルから六〇〇万ドルの研究費を出していた。ところが何年たっても成果が出ないので契約を打ち切ると言ったら、米国側は施設をつくり研究をやっていたのだから賠償しろと言ってきた。それでその会社が五〇〇万ドルぐらい取られそうになったときに、彼女が介入して、その支払いを一〇〇万ドルに抑えた。

彼女に「日本語ではそういうのを『盗人に追い銭《せん》』と言うんだ」と教えると、「これで収まればアメリカ社会ではいいほう。そうでないと、アメリカではケツの毛まで抜かれる」と言われた。それがきっかけで新聞連載を始めて、『弁護士が怖い！』を出版することになった。

そのときに、訴訟社会のアメリカの実情が理解できました。弁護士たちは、弁護料を払う能力のある金持ちのディープ・ポケットだけをねらって、本当にかわいそうな弁護しなければならない人は相手にしない。たとえ女性がレイプされても、だれもいい弁護士はつかない。ところが有名ホテルでレイプされたら、ホテルがディープ・ポケットだから、ホテルを訴える。こうした彼らの汚いからくりを書きました。

モーガン　アメリカはそういう弁護士社会になってしまいました。

アメリカは弁護士をのさばらせすぎた

高山　弁護士をのさばらせすぎて社会のシステムがおかしくなって、医療費は高騰するし、訴訟が起きれば人生は終わりになってしまう。アメリカはそういう国になってしまった。その原点をトランプは正確に突くんじゃないかと期待しています。共和党政権ができるたびに、言いがかり訴訟はやめようとか、ピューニティブ・ダメージ（懲罰的損害賠償）の上限はいくらまでにしようとか必ず出てきたように思います。

モーガン　すべてがゲームです。しかし、国民は、そのゲームを終わらせようとしない。要は国民がそれを望んでいるわけです。

高山　弁護士だけでなく、国民も宝くじみたいな感覚になって、訴訟で金儲けする機会を狙っているというさもしい事態になっていますね。

モーガン　そうです。国民の九割以上でしょうか。そのチャンスがあると思って鵜の目鷹の目で狙っている。

高山　日本でも若干そういう雰囲気になりつつあります。米国での実例ですが、家に帰ってきてテレビをつけたら、化学工場が爆発した。自宅がその化学工場のすぐそばだったので、びっくりして精神的ショックを受けたと訴えて勝訴した。そんな訴訟が日本でもチラホラ聞くようになった。

モーガン　それはアメリカでは、完全に訴訟できる話です。高山先生のお話は大げさではありません。それはアメリカの本当の真実です。

高山　たしかにすべて合わせると一三五万人の弁護士軍団は強力な勢力ですね。一三五万というと、アメリカ軍は、陸海空合わせても一四〇万人ぐらいで、世界中の防衛に当たっている兵隊の数に匹敵するんですから。

日本はアメリカの恰好のターゲットになった

高山　だから、トランプはそれを正そうとしている。トランプのもう一つの大きなテーマは、まさに弁護士が支配して企業を好き放題につぶして、企業利益のために企業を国外に出すという米国のグローバリズム戦略がアメリカ国内を疲弊させてきたことに対する不満でしょう。トランプ第二次政権がやろうとしている政策の中には、そういう司法改革も入っているはずです。

そうした弁護士支配とグローバリズムの波は、一九八〇年代くらいから、せいぜいここ半世紀ぐらいの話です。レーガン政権から始まって、クリントン政権で最悪になった。

モーガン　クリントン大統領は、モニカ・ルインスキーとも不適切な性行為がありました。本当に人間のクズです。

髙山　当時は、アメリカの工場がみんな海外に出てしまってアメリカ国内は空洞化して、アメリカの雇用が減ってしまった。そこで、米国内への企業誘致を一生懸命言い出した。赤坂から溜池、虎ノ門あたりまで米国の各州の事務所が並んで企業誘致に懸命だった。その要請に応じて三菱自動車工業がイリノイ州のピオリアに工場を誘致した。

そうしたらクリントン政権の政府機関が、「日本には女性蔑視という伝統がある」と言って、女性従業員を性差別したり、セクハラ行為があったという集団訴訟を起こした。まったくめちゃくちゃな話でした。

モーガン　アメリカは、詐欺師ばかりの国です。

髙山　当時、産経新聞はワシントンとニューヨークに支局があるけど、イリノイまで行こうという記者がいなかった。米国政府を叩くという気持もない。それで、私がロスから現地取材に行きました。

地元の『パンタグラフ』紙という新聞があって、そこに取材にいった。そうしたら、日本人の記者で取材に来たのはあなたが初めてですと言われた。『パンタグラフ』紙の記者も米政府のやり方はひどいと言っていた。卑猥な落書きやセクハラなんて聞いたこともなかったのに、訴えたら金をもらって地位は保全されるとふれまわったのがいて、それで集団訴訟にもっていったという裏話まで話してくれた。

だいたい日本企業がそんなばかげたポリシーを持っているなどと言ったら、人種差別に当たるだろうと普通は思うし、新聞もそう書くだろうと思ったら、「日本では女性の地位が低い」と『ニューヨークタイムズ』も裁判どころか一緒になって囃《はや》していた。

そんなでたらめに三菱自工の米国人従業員が怒って、ＥＥＯＣ（雇用機会均等委員会）のシカゴオフィスに抗議に行くという。三菱の経営者はありがたいと言って、みんなで車を連ねていくのもたいへんだからと、会社がバスを仕立てて送り出した。そうしたら従業員がまさか日本側の味方をするとは思わなかったと言って新聞は最初びっくりしたけれど、バスを仕立てたのが三菱側だとわかって、「バスに乗って抗議に行かないとクビにする」と脅されたといったストーリーをでっちあげた。三菱自工は、やることなすこと全部叩かれて、結局、三四〇〇万ドルの金を払わされた。

そのとき一番驚いたのは、新聞も政治家も議会も政府と一緒になって日本を攻撃してきたことです。アメリカ議会では、女性議員のダイアン・ファインスタインが三菱自動車の不買運動を唱えた。マスコミも政治家も一緒になって日本企業を叩くというチームワークがよくとれていました。結局、クリントンを含めたいじましい弁護士が儲けて終わった。本当に酷い話です。

国家権力まで使って司法省が日本企業を訴える。考えてみれば、公的機関かどこかのグループが関与していなければありえないようなことです。

巧妙なのは、日本企業が撤退したら雇用が失われるので、雇用は残させる形で集団訴訟をやったわけです。そのあくどさだけが印象に残りました。

モーガン　司法省も弁護士も官僚も政界もメディアも含めて、全部が連携して動いている。これをドレイン・ザ・スワンプで排除しようというのが、第一次トランプ政権から続くトランプの大きな目的ですが、それがうまくいくとは限りません。

というのは、弁護士たちの利権構造は汚いという言い方は間違いないのですが、それは氷山の一角に過ぎない。アメリカというのは、そういう国です。

ルイジアナ州はイリノイよりも構造的な腐敗があります。良心的なビジネスマンは、そういう州ではもうビジネスをしない、賄賂を払いたくないと言います。でも、ルイジアナ州では賄賂を払わずにビジネスはできません。

政治家もそうだし、いろいろな入札や変な談合で腐敗しています。アメリカは構造的にそういう国なんです。トランプは訴訟されているビジネスマンですから、おそらくそういうアメリカの歪んだ司法を糾《ただ》そうとは思っているでしょうが。

アメリカは戦争させて儲けようとする国

高山　トランプ大統領が出現した理由について私の考えはこうです。アメリカはエリート層が独裁で牛耳っている。どの国も自国の兵隊が死ぬような戦争は極力避けるものですが、アメリカには自国の兵隊を戦死させるのはよくないという国民国家の一体感がない。移民の国だから、それこそインド人もいればウクライナ人もいる。戦争というゲームの駒でしかないし、同胞意識も多民族国家の分、希薄になる。だからもともと冷酷なエリートが国家利益を合言葉にしてどんどん戦争をやる。それがディープステートの特性です。日本はこの八〇年、戦争をしていないけれど、アメリカは数えきれないほど戦争をしてきた。戦火が絶えたときがない。そういうアメリカ市民が持っていた疑問をトランプは具体的な言葉にしてしゃべったからではないか。トランプを私が非常に高く買っているのは、白人でそれなりの差別意識は持っていても、日本が話し合えるような大統領ではないかという期待があるからです。

モーガン　それに付け加えると、弁護士というのはディープステートの一部であることは確かですが、メディアや放送関係者もみんなそうで、官僚システムもだいたいディープステートです。一部の人がアメリカの富のほとんどを独占している。彼らがグローバリズムを主導して、アメリカから工場を海外に移して、人件費の安い中国でつくらせた製品を輸入したほうが自分たちの利益になると考えた。

高山　メディアや企業や放送を握る連中は、全部、ロー・スクールの出身です。日本では東大閥と言うけれど、それと同じ。八〇いくつかの公認のロー・スクールがアメリカにはある。イェールとかハーバードとかUCLAとかだ。ただ、ロー・スクールを出ているからといって、みんなが弁護士を職業にしているわけでもない。ある者は官僚に、ある者は経営者になる。みんなお仲間で、利益共同体を形成している。その構造を見てきた人間としては、トランプはロー・スクールも出てない大統領なのかという驚きがあった。

モーガン　トランプの出身校は、ペンシルベニア大学のウォートンスクールです。確かにロー・スクールではありませんね。

髙山　ロー・スクールが、アメリカでは最高の権威になる。とくにイェール大学のロー・スクールが有名です。ジェイムズ・ヴァンス副大統領もイェールのロー・スクールだけど、彼が書いてベストセラーになった『ヒルベリー・エレジー』の中で、「どこどこの会社に面接にいけば、受け入れてくれる」といった情報があちこちから流れてくると書いている。つまり、イェールのロー・スクールを出ると特殊な共同体に入れるわけだ。なかでも「スカル・アンド・ボーンズ」という秘密結社のようなグループに入会すれば、アメリカを支配する最上級の階層に入ることになる。「スカル・アンド・ボーンズ」のシンボルは、骸骨と骨で海賊旗やドイツの親衛隊と同じです。

モーガン　そういう利益共同体がアメリカの富を自分たちだけのものとして収奪した。グローバリズムの始まりは、東西冷戦の終結で中国の安い労働力をどう使うかというのが焦点でした。それがグローバリズムの最初のきっかけになった。中国をうまく使うアメリカの勢力はもちろんロー・スクールを出た連中ばかりです。それがアメリカの利益になると嘘をついて、中国に投資して工場をつくって安い品物を持ってくる。それによってアメリカの中西部が全部死んでしまった。

髙山　普通の国ならば自国産業を盛り立てるところを、企業経営者にしろ、法律家にしろ、自国民が飢えようが問題にしないで、さっさと工場移転してしまう。そういうところにアメリカの愚かさを感じます。そんな短絡的な判断しかできないアメリカという国家は、まともな政府ではない。それがいわゆるディープステート、影の政府ということになるんでしょう。

モーガン　アメリカはまだ中世世界にとどまっていると思います。ヨーロッパとほぼ変わりません。ヨーロッパは中世からまだ抜け出していない。アメリカが中世にとどまっているというのは、奴隷制度は終わったと言われていますが、奴隷制度は終わっていなくて全国規模まで拡大しただけなのです。

髙山　それはいつの時点の話ですか。

モーガン　南北戦争が終わってから以降です。そもそもアメリカというのはエリートが大衆をコントロールしている国です。アメリカという国を大きなプランテーションと考えるとわかりやすい。

たとえば、いまのビッグテックは一番中世的なものです。つまり、イーロン・マスクのXやグーグルというプランテーションに私たちは住んでいます。ヤフーというプランテーションもあるし、アップルというプランテーションもあって、プランテーションごとに囲われている。それは全世界的な規模のプランテーションで、みんながそのプランテーションに住んで奴隷になっている。新自由主義と言われるが、新封建主義の方が正しい言い方でしょう。なぜなら、自由がなく、テックとワシントンが手を組んで完全に国民をコントロールしているからです。それがアメリカのリアルですが、それはまさに中世とまったく変わらない構図です。

いまの弁護士は昔、特権を持っていた神父たちと同じで、それはほとんど変わっていません。昔のラテン語がいまの弁護士語になって、わけのわからない言葉をつかって特権を保護する。

髙山　弁護士たちは、本当に特別な言葉を使いますね。日本人特派員だった経験から言うと、行政、立法はワシントンD.C.で議会や大統領府をウォッチしていればわかります。でも、司法界だけはまったく違うターミノロジー（用語）を使うので、わからない。

モーガン　ほとんど英語ではない。普通のアメリカ人では読んでもわからない。

髙山　毎年、日本人の特派員が一〇〇人ぐらい行っていながら、米国の訴訟問題などを論ずる記者がいなかった。私が最初にこの問題を手がけました。どうやって訴訟の問題に接近したかというと、前に話した中国系の女性弁護士と知り合いになって、彼女から一つ一つ、特殊な法律用語の使い方を教えてもらった。なんでもない普通の判決文でもその一語がわからないと意味が全然わからないということが多かったのです。

女性弁護士を通して情報を得ることによって、私は司法問題についての新聞連載ができた。「こういう特別な用語をつかえば普通の人は立ち入ることができない」と得心がいきました。

三菱があえて訴訟を受けて立った理由

高山　私が記者として最初に取材したのはレメルソン訴訟です。ジェローム・レメルソンという男が、法律知識だけで企業を訴えた事件だった。

その訴訟では、日本企業も米国企業も訴えられた。工場で流れ作業をやるときに、機械の自動アームの「ポジショニング」、つまり位置を決める特許を取ったと主張した。それで、各企業に「流れ作業は自分の特許だ」などと言って訴訟を仕掛けた。

訴訟をやると本当にお金がかかる。最近は変わってきたけれども、日本企業は会社経営の中に訴訟費用をパーセンテージとしてほとんど持っていなかった。アメリカ企業は訴訟費用としていくら、これを越したら倒産だというラインをみんな持っている。それぐらい訴訟が多いので、レメルソンみたいなのが出ればすぐに対応できる。

このときは、三菱が本気になった。「そんなふざけた訴訟にハイハイと言えるか」と言って三菱グループの会社が訴訟に応じて、裁判に勝った。それがあって、その後、三菱自動車がクリントン政権のときに訴訟をかけられても三菱があえて大統領相手に反訴した。すごいことだと思うけど日本の新聞はウチ（産経）を除いてどこも動かなかった。大使館も動かなかった。日本が負けるのは当たり前ですよ。

弁護士という特権階級がアメリカを貧しくした

高山　私はアメリカに長く住んだわけではなくて、特派員として三、四年くらいですが、アメリカを見てきた。一九七〇年代のアメリカを見ているし、一九九〇年代のクリントンの時代でまだ繁栄が続いていたアメリカを見ている。そして、自分でも訴訟報告というか、弁護士を雇って本を書いた。

いまになってふり返ってみると、一九七〇年代まで輝いていたアメリカが光を失うという部分は、アメリカを貧しくした原因があって、その貧しくしたのはだれかといえば、本来はアメリカにあってはならない特権階層みたいなものができあがってきたからだと思うようになった。弁護士を中心とするアメリカのエリート層がアメリカを壊してきた犯人です。

あのころ、取材でロッキードの本社にも行ったし、パームデールの工場にも行きましたが、アメリカ人はみんないきいきとしていた。廊下ですれ違うと、「ハウ　アーユー」「ファイン　サンキュー」と声を掛け合う。まるで英語の教科書のようにちゃんとした正しい英語を使っていた。すごく明るいアメリカというイメージそのものでした。レーガン大統領の前ですから、ジェラルド・フォードが大統領だった一九七五年くらいのころです。

さきほども話したけれど、カリフォルニアは明るい太陽だった。それこそルイジアナのバトンルージュへ行ったときも太陽は明るかったし、みんな明るかった。カリフォルニアではフリーウェイをずっと走っていたら、一本脇にちゃんとした道路があったのに車が一台も走っていない。なぜかと聞くと、「あれは地震で捨てちゃった道路だよ」と教えられた。「豊かな米国は道路まで捨ててしまうのか」と本当に驚いた。

そういう豊かなアメリカを見てきたけれど、それがわずか四半世紀で暗転する。というのは米国を貧しくしたやつがいて、それがいま言うディープステートになるのか、エリート層になるのか。

会社の売り買いが始まり、医療費は高騰した

高山　最初に彼らの犠牲になったのは、軽飛行機業界でした。世界の軽飛行機の九〇%以上のシェアを持っていた歴史あるセスナ、パイパーなど一九社があった。そこが儲かっているからといって弁護士が目をつけて二〇年で全部チャプター11入り。つまり全部つぶされた。

ボンバルディアはもともとは鉄道会社でしたが、ショート・ブラザーズなどつぶされた軽飛行機会社を買い集め、デ・ハビランド・カナダも含めて航空会社のボンバルディアになった。

ベテランの技術者たちが職を失って、再就職口もなくて、経済が縮小する。働き手もいなくなる。そういう弊害がさまざまなところで起こった。

医療費にしても昔はノーマルな費用で済んでいたのが、インフォームド・コンセントまで訴訟の対象になったことで高騰した。

あの石原慎太郎でさえ、インフォームド・コンセントで「余命三カ月です」と言わ

れてわれを失った。そんなことを急に言われたら、日本人はみんなひっくり返る。アメリカ人だってひっくり返るのだろうけど、訴訟される恐れが出てきたためです。医者は訴訟から身を守るために即座に余命宣告する。もし余命を言わないで黙っていて、それで商売が失敗したというような騒ぎにでもなれば莫大な訴訟を起こされて大金を取られる。さらに訴訟保険料も上がってそれが医療費にはね返るから、アメリカの医療費が高騰することになった。

モーガン　まったく、そのとおりです。

高山　人々はそれまで普通に生活していたのが、会社は訴訟でつぶされるわ、失業するわ、医療費は勝手にどんどん上がっていった。それ以外にアメリカが貧しくなった理由を私は考えられない。だからこそ、一三五万人もの弁護士がいま潤っている。

日本まで訴訟社会を輸出しようとした

高山　法科大学院を日本に持ち込んだのも、要するに米国が日本を訴訟社会にしようとして割り込んできたということでしょう。中国を市場にするのと同じように法律訴訟も市場にしようとした。なぜなら日本企業が米国に進出したときに、訴訟を仕掛けて東芝をつぶすぐらい儲けたたし、三菱自工にも軒並み勝訴している。

ひところ日本は投資先を中国市場に一生懸命移しましたが、それもアメリカが日本企業から訴訟でお金をせしめたからです。アメリカに投資してもシッペ返しを食うかという嫌悪感を日本企業が持ってしまった。

その嫌悪感を最も強く持っているのが三菱でしょう。三菱重工のリージョナル・ジェット（ＭＲＪ）も、米国の型式証明がとれずに計画を中止せざるをえなくなった。「Not invented here（米国製でない）」という思い上がり心理がアメリカにはあって、たとえばコンコルドも英仏が開発すると、アメリカの航空会社はどこも採用しなかった。なぜなら、アメリカで開発されたものではないからというわけです。ＤＡＩＧＯ（ダイゴ）じゃないけれど、「ＮＩＨ」だと。要するにアメリカ製じゃないと拒絶しようとする。

先進国と言っておきながら、そこにはきわめて中世的な、自分の田畑を大事にするどん百姓根性がすごく強い。いまアメリカが衰退していくのは結局、そういう中世から抜けきれないアメリカで、そうしたエゴイズムが噴き出しているからではないのか。

日本だから問題にするというアメリカの深層心理

モーガン　ただし、もう一つの問題がそこには潜んでいると思います。日本という問題です。日本の会社だから、みんなが一丸となって糾弾する。白人の正義感を一番刺激するのは、日本人が相手のときです。まず感情のレベルから日本は許せないという気持ちになる。昔のインディアンと同じで、存在自体がいやだという拒否反応です。

一五年くらい前のことですが、日本人の知り合いのお父さんは共産党支持者で新聞『赤旗』を毎日読んでいました。

でも、いま考えてみると、お父さんの信条は共産主義なのではなく、常識ということだったように思います。大企業は信頼してはいけない。政府が言っていることも疑ったほうがいい。マルクスとかはどうでもいい。ただ、体制を疑っている新聞として『赤旗』がある、という印象でした。

そのお父さんと一緒にテレビを見ていたときに、トヨタの人気車種だったプリウスのアクセルに欠陥があって事故が起きたという訴訟がありました。

髙山　二〇〇九年から二〇一〇年にかけてトヨタ車に発生した「意図せぬ急加速問題」ですね。豊田章男社長自身が米議会の公聴会で証言させられました。アメリカの運輸省当局は自動車の電子制御には欠陥がなかったとしましたが、民事訴訟で、トヨタ側は和解して、その総額は訴訟費用等を入れると三〇億ドル（三〇〇〇億円）以上と言われている。さらにトヨタは米司法省に一二億ドル（一二〇〇億円）の和解金を支払って「刑事訴追」を免れた。トヨタ車の欠陥ではなかったのに、さまざまな事情があって巨額費用を支払わされました。

モーガン　そうです。それはピオリアの三菱自動車とまったく同じです。ただ、お金がほしい。そこに日本というおいしいターゲットを見つけた。「日本人は永遠のターゲット」なんです。ほぼ奴隷化です。ワシントンからすれば本当は奴隷以下です。奴隷は本当は怖い存在です。

髙山　ヘーゲルの「奴隷と主人のパラドックス」ですね。主人は奴隷をいいように使って怠けている間に、奴隷は一生懸命勉強していつの間にか主人を超えていくという逆転現象が起きる。

モーガン　そのとおり。ヘーゲルもそうですが、奴隷は野生動物のたとえばライオンです。見ていないと食われてしまう。

非常にいやな言い方で申しわけないですが、日本という国は去勢ずみで、金玉が切られた存在と見られている。正直なところ、「日本は永遠にペットのポチ」という意識があるんです。

日本の会社がちょっと儲かっているようだから、正義という武器を持ち出して、いくらでも言いがかりをつけて、お金をむしり取る。でも、中国の会社に対しては、やらない。

高山　確かに中国企業に対してはほとんどやらない。

モーガン　中国という国は奴隷じゃないからです。強い相手だとわかっているからです。そこが問題です。トランプの限界はそれだと思います。

トランプはアメリカにとってはかなりいい大統領かもしれないけれど、日本にとっては必ずしもいい大統領ではない。それでもバイデンの民主党よりははるかにましですが。

民主党のバイデン政権は最悪でした。日本の弱腰をいいことに、日本のお金は取られっぱなし、LGBT法案をごり押しで通されて、ウクライナ戦争でも使いっぱなしりをさせられていた。民主党はクレージーだからです。

トランプ政権ならＬＧＢＴＱといった文化的な問題からくるダメージは抑えられるでしょう。ＤＥＩ（多様性・公平性・包括性）といった、極端な個人の多様性を推奨するような運動も抑圧されると思います。

こうした一連の民主党が推進してきた考え方は、地球市民にまで国民を細分化して、砂粒のようにいかようにでも流動化できる個人をつくるための、まさしくグローバリストの恐ろしい計画だからです。

南部では幽霊が出てくるが、カリフォルニアでは青空しかない

モーガン　さきほどおっしゃった明るいアメリカについては、私はカリフォルニアのあの明るさが気持ち悪いし、おかしいと感じます。カリフォルニアは昔、インディアンが住んでいた場所です。先住民のインディアンをすべて殺したあとの土地に、大きな一戸建てができてピアノを弾いてパーティーができる。インディアンたちがどこに行ったかと考えることもなしに、白人がここに住んでいるのは、あたりまえだと思っ

ている。

人生というのは、先祖がやった罪を永遠に次世代のわれわれが担わなければならない。私の先祖も奴隷売買をやっていました。その罪は永遠になくなりません。重荷が私の肩にのしかかっている。昔の悲劇はいっさい終わっていない。南部は幽霊ばかりのお化け屋敷です。

ところがカリフォルニアの明るさは、過去をすべて忘れて、歴史なんて存在しないという大きな嘘からできているフェイクな明るさです。対照的に、ルイジアナ州では、過去が重すぎて、そこから逃げられないので諦めてビールを飲んだり、踊ったりしているのです。人生はつらいから、なるべく明るくふるまおうとする。でも、カリフォルニアのヤンキーたちは反省しない。反省する材料もないし、反省する能力もないし、反省のできる魂もありません。バービーみたいな人形が州民になってしまったのです。自分がやったことの罪を意識することがない。

しかし、南部では夜、目をつぶればすぐに幽霊が出てきます。奴隷の幽霊や南北戦争で死んだ人たちの幽霊が出てきて、怖くなる。昼間でも過去の存在が重たい。人生はけっして明るくはない。南部はそういう歴史の重さを理解している。

しかし、ワシントンには歴史がありません。きのうは何をやったか、朝になったらもう忘れている。すぐに次の戦争をやろうとなるので、恐ろしい。ヒラリー・クリントンを始めワシントンの連中は、アフガニスタンやリビア、イラクでとんでもないことをやってきたにもかかわらず、全部を白紙にして、時給一〇〇〇ドルの弁護士が、「正義のために次の戦争をやりましょう」と言う。そのような構造から、南部は早く離脱したい。というのも、アメリカはそういうクレージーな国だからです。

アメリカでは毎日何十人もの元兵士が自殺している

モーガン　今年の正月にも、私のふるさとニューオリンズのバーボンストリートで変な人がトラックを暴走させて一五人以上が亡くなる事件が起きました。本当は爆発させるつもりだったようですが、幸いそれは失敗したようです。

もう一つ、ラスベガスのトランプのホテル前で同じような暴走事件が起きた。直接の関係性はないと言われていますが、犯人は二人とも元米軍兵士でした。一人は狂信的なイスラム信者になっていたと親戚が証言している。もう一人は家庭内暴力を振るっていたとアメリカのフェイクニュースメディアが報道していたが、未亡人が後で、そういうことは全くないとフェイクニュースを覆《くつがえ》しました。

この事件の大本をたどれば、アメリカがアフガニスタンなど世界各地でとんでもないことをやって、その戦争が失敗で終わったことが大きく関係している。自分たちはなんのために子供を殺したのかという自責の念で、兵士たちが精神を病んでしまった。

貧しいテネシーやルイジアナから来た愛国的な若者が、海兵隊や陸軍に入ります。国を守るつもりで海外に派遣されるけれど、アフガニスタンの戦争ではアメリカを守るどころか、ワシントンのビジネスを守っていることに気づいてしまう。まったくテロや戦争とは関係のない無実のアフガニスタン女性や子供をさんざん殺して勲章をもらう。アメリカのためだと言われて戦っても、なんのためにもなっていない。現地の民衆には逆に嫌われて、自分たちのせいでテロは増える一方。最後の最後にはワシントンがお手上げになって突然「やーめた」となった。二〇年間も、さんざん人を殺して帰国して、「お疲れさま」と言われても、兵士たちは精神的に狂ってしまうのです。アメリカでは元兵士が一日に数十人も自殺していると言われています。

日本の拝米保守はそういう真実を言わない。日本の政治家が日米同盟と言う。日米安保でアメリカに守ってもらうというばかり。では、だれがアメリカ人を守ってくれるのかと私は聞きたい。アメリカ兵を平気で自国の傭兵として使う。私の周りにいる教育程度が低くて貧しい生活を強いられている人たちは、完全に利用されている。これは人権問題ではありませんか。そういう闇の話をなぜしてくれないのか。

高山　ベトナム戦争のときも深刻な問題になりましたが、はるかに深刻度が増している。

モーガン　麻薬をやるか、自殺するか、テロをするか。アメリカの元兵士には、この三つの選択しかない。結局、精神を病むしかなくなってしまう。アメリカ帝国の負の遺産を抱えているんです。その話を拝米保守は何も書かない。

高山　悲しいね。

モーガン　悲しいですよ。道徳、道徳、道徳という連中が日本で綺麗事を繰り返すが、日米同盟を讃えながら自分が道徳的な人間だとアピールする人は、大嫌い。

アメリカが関与して麻薬取引で闇のお金がつくられている

モーガン　日本人には国の麻薬対策もあってアヘン中毒患者はほとんどいませんが、世界ではアヘン、フェンタニルなどの麻薬が蔓延していて、巨大な闇のお金が生まれています。

アフガニスタンについて聞いたのは、アメリカがアヘン栽培をさせて、その利益の一部をCIAが資金として使っているという話です。パパ・ブッシュ大統領のとき、コロンビアの麻薬組織であるメデジン・カルテルを叩きつぶしたのも、自分たちの麻薬取引のライバルだったからです。

高山　アフガンといえばアヘンの産地です。私はイランに駐在していました。東側国境はパキスタンとアフガンと接し、そのアフガンからヘルマンド川が流れ込んでサーベリ湿原に続く。ヘルマンド川の上流はアフガン南部を貫いてカンダハールまで続くが、この辺がアヘンの栽培の中心地でした。

あそこから一包み七キロぐらいの生アヘンを背負って、国境を越えてイランに入ってくる者もいれば、車を使って一トン近くの生アヘンを運ぶ者もいる。それをジャンダルメ（国境警備隊）が捕まえて毎週木曜日に処刑する。

私がたまたまザーヘダーンへ行ったときに、処刑する前に死刑囚を取材させてもらった。アヘン輸送の親分と個人で七キロ運んだ青年など三人に会わせてくれた。これから死刑になる人間だからしゃべることはあまりなかった。そしたら翌週の木曜日に「処刑した」と連絡が来た。彼らは金曜日（Jome《ジョメ》）がイスラムの休日でその前日に処刑する決まりになっている。そんな連絡はしてくれなくてもいいのに。

フェンタニル中毒でアメリカ白人女性が死に追いやられている

髙山　いまアメリカは中国から来ている麻薬のフェンタニルの被害がひどいことになっている。それもトランプが大統領になった大きな理由の一つですが、アメリカ中西部の若い女性の平均寿命が三八歳とかいわれている。なぜかというと、若い白人女性はだいたいシングルマザーになる。男女平等だから、男は家族に対する責任を持たなくて、猫と一緒で種をつけたらいなくなる。女性は子供を抱えてシングルマザーになる。中西部のラストベルトで、職はないし、あっても安月給で生活も苦しい。そこでみんな麻薬に手を出す。そして最後はフェンタニル中毒か拳銃自殺でお終《しま》い。すさまじい世界になっているようですが、本当にそうなんですか。

モーガン　それがアメリカのリアルです。中西部のラストベルトはそういう悲惨な状況です。私たちが住んでいる南部でもそうです。だから、アメリカという国は中国と気が合う。

髙山　性格もやり方も、よく似ているからね。

朝鮮戦争に参加した祖父が流した涙の意味

髙山　朝鮮戦争（一九五〇～五三年）を「セカンド・フィドル・ウォー」（第二バイオリン戦争）と言うと『ニューヨークタイムズ』が書いていた。紛争よりは大きいけれど、戦争と呼ぶのもおこがましい。せいぜいセカンド・フィドル（第二バイオリン）で、コンサートマスターではないから全然目立たない。そんな戦争に行って、しかも勝ったわけでも負けたわけでもなく、途中で停戦になってしまった。命を張って従軍したのに、いったいなんのための戦争だったのか。なんの名誉も与えられなかったという不満がある。実際、朝鮮戦争は公式にも戦争扱いではないから、負傷してもパープルハート勲章も出なかった。年金も出なければ墓にも書けない。

モーガン　じつは、私の祖父は朝鮮戦争に参加しています。停戦後五〇周年のときだったかと思いますが、韓国政府から朝鮮戦争に参加したアメリカ軍人に対して勲章が贈られました。そのときのことは、一生忘れることはないと思います。祖父はテーブルに座っていて、贈られた箱を開けると勲章が見えた。その瞬間に、祖父はその場で泣き崩れたのです。初めて私の目の前で祖父が泣くのを見ました。祖父が泣くなんて信じられないことでした。それなのに祖父は泣いた。それは相当なことだと思いました。

髙山　お祖父さんの涙というのは、やっと自分のやったことが、報われたという気持ちだったんですか。

モーガン　たぶん祖父の思いはずっと自分の心の中に閉じ込められてきたのだと思います。お祖父さんがその戦争に行ったことはみんな知っていたけれど、祖父は朝鮮戦争の話はいっさいしなかった。おそらく「報われた」という言葉では言い表せない。

韓国政府から勲章をもらったことで、自分の心の奥底に閉じ込められていたものが、一気に噴き出してきたような涙でした。

高山　米軍からは勲章が出なかったんですか。従軍章みたいなのはあるでしょう？

モーガン　従軍した兵士がみんなもらう勲章はあったようです。でも、アメリカ国家からは感謝の気持ちの表明はあまりなかった。韓国からもらった勲章には「ありがとう」という気持ちを感じたのでしょう。それで涙が出たんですね。そのときに、私はワシントンの本質が少しわかった気がしました。アメリカ国民は見捨てられる存在なんだ、と。

高山　マッカーサーが原爆投下を要求したときに、トルーマン大統領はマッカーサーの要求を断って、逆にマッカーサーをクビにした。マッカーサーが嫌いだから、ざまあみろと思ったけれど、考えてみると朝鮮半島の戦地にいる米兵は、中国の人海戦術（ヒューマン・ウェーブ）で殺されていた。それを助ける手段としては原爆しかないとマッカーサーが選択したということは、米兵はいくら死んでも構わないという、戦争ビジネスをやり続けてきたアメリカの本質的部分ではなかったのか。

トランプが戦争を嫌うのは、アメリカというか、いわゆるディープステートがこれまで世界中で自分たちの利益のために戦争をやって、国民の命を奪ってきたことに我慢がならないからではないか。バイデン政権になったら、アフガンからは急に撤退したけれど、ウクライナ戦争を誘発させるようなことをやった。トランプだったら、決してウクライナ戦争はなかったでしょう。

アメリカで優生学という恐ろしい学問が生まれた

モーガン　私は、二〇年ほど前からアメリカ国内の中絶問題が気になって研究してきました。なぜこれほど野蛮なことができるのか。さらにやろうと促しているのか。

なぜこんな野蛮なことがアメリカの国策になったのかを研究している中で、優生学の存在に気づきました。ここ二〇年ぐらい優生学についてかなり文献を読んでいます。

優生学という考え方はじつはアメリカ生まれです。ナチスはアメリカから優生学を学んだのです。

優生学の原型は、ハーバート・スペンサーの社会進化論や、一八八三年に「優生学」(Eugenics) と命名して、人種の資質向上を目的とした学問として提唱していたフランシス・ゴルトンなどです。

髙山　チャールズ・ダーウィンの進化論、わけてもより優れた者が生き残るという理論に彼の従兄弟のフランシス・ゴルトンが白人こそ人類の最も優れた存在だと思い込んで優生学を確立した。そしたらその優生学をアメリカは真っ先に取り入れた。

モーガン　ハーバート・スペンサーが抽象的に言っていたことを具体化して、実現しようとしたのがアメリカ人です。アメリカン・プラグマティズムそのものです。ナチスのユダヤ人に対するホロコーストがあってからは、公の場では言えなくなった。しかし、中絶問題という隠れ蓑をつかって、黒人やヒスパニックの殺戮をやっているわけです。

日本にも間引きはありました。でも、その間引きはアメリカで言う中絶（アボーション）とは違うと思います。どう違うかというと、間引きは、人種向上など優生学的のために行われていなかったからです。アメリカでいう中絶は、優生学など、人間の人間性を否定する西洋の深くて暗い歴史背景がある。差別主義者だったウッドロー・ウィルソン大統領の同時代人にマーガレット・サンガーという優生学の信奉者がいました。彼女が、日本社会党の代議士だった加藤シヅエの誘いで日本に来たことがあります。

高山　加藤シヅエは、サンガーの許《もと》で学んだ。仲間にはあのアグネス・スメドレーもいてサンガー宛てに上海などから「コンドームを送って」としょっちゅう手紙があったとか。シヅエも彼女に倣い、日本にコンドームをはやらせた人物です。日本における優生学の信奉者の一人です。

モーガン　マーガレット・サンガーは、ウィルソンと同じ考えで、黒人やアジア人は人間のクズだから、白人であるわれわれの遺伝子を守るべきだという考えでした。

中国は虐殺をやってくれる優生学的には優等生です。だからアジアを任せられる。でも、日本は人の命を大切にして「真《まこと》」という文明があって、うそはつかないし、狡猾な民族ではない。だから、自分たちとは相いれない存在だと考えた。

日本に優生学を持ち込んだアメリカ

モーガン　日本でも一九四八年に優生保護法が可決されます。日本医師会会長もやった谷口弥三郎が加藤シヅエなどを抱き込んで「不良な子孫の出生を防止する」として、この法律を可決させました。

実はアメリカの南部ではニグロ・プロジェクトという優生学的な実験があって、どのように大衆をコントロールできるかというので日本人がそれを見学に行きました。彼らが日本に帰って優生学を広めた。そして官僚にもこの優生学的な考えがしみ込んだことで、官僚が媒体になって日本国民にプロパガンダがばらまかれたのです。

私の考えでは、昔は官尊民卑はありますけれど、いまの日本の財務省もそうですが、あの〝デマ太郎〟の河野太郎という人は典型的な優生学的な〝白人〟です。要は日本人がいくら苦しんでも平気みたいな、心のない、ロボットみたいな非常に気持ち悪い人です。そういう類の日本の官僚が優生学的な考えを学んでしまった。学ばされたと言ってもいい。クロフォード・サムスという軍医がGHQに勤めていて、日本の人口は多過ぎるから人口を削減しろと命令した。そのために戦後日本は中絶パラダイスと呼ばれるくらいの国になってしまったのです。

第三章

戦後80年もアメリカに支配され続けた日本

日本の重工業をつぶそうとした占領政策

高山　日本との戦争が終わった後、アメリカは、対日賠償の実施計画を実業家のエドウィン・ポーレー賠償委員団長に任せて、彼を中心に立案していました。ドイツに対して、デモンタージュとか、モーゲンソー・プランとか言われる計画があって、ドイツにあった重工業部門を全部解体して、フランスなどへ持っていこうとしたのと同じことを日本でもやろうとしたわけです。

日本の重工業施設、造船施設などを解体して全部満洲へ持っていって、満洲で中国を中程度の工業国にして、工業力をつけて米国の市場にするという計画だった。そしてポーレーが満洲へ視察に行った。満洲は日本がインフラを整備した近代的な工業都市で、鞍山には製鉄所があるし、五〇万キロワットの発電所も整っていた。ところが視察したら全部、中国人とロシア人が略奪、破壊し、発電所の施設もみな運び出されてすべてが廃屋になっていた。発電システムの一つはロシアが持っていき、もう一つは中国人が持っていって、いまも洛陽で発電している。

満洲国は元の荒れ地にされ、移設のしようもなくなってしまったので、ポーレーの報復色の強い賠償計画は頓挫した。

そうこうするうちに、朝鮮戦争が勃発して、今度は朝鮮戦争の軍需物資の供給のために日本の重工業が必要になった。戦車の修理から航空機、船舶の補修など、何からなにまで日本でやるようになった。いわゆる朝鮮特需によって日本の重厚長大企業が全部残った。ここから日本は高度経済成長に突っ走っていくわけです。

一九八〇年代には、日本は世界第二の経済大国になった。東京の土地の値段でアメリカ全土が買えるといわれた。日本の半導体がなければ産業が成り立たないほどでした。そこで米国は二度目の日本経済つぶしに出た。まず、半導体を奪った。さらに一九八五年のプラザ合意で日本の通貨である円は、二四〇円から二倍の一二〇円にまで急速な円高にさせられた。アメリカから金融戦争を仕掛けられたわけです。そして、一九八九年末の日経平均最高値のあと、一九九〇年初頭からバブルが崩壊して、日本は失われた経済の時代に入ってしまう。そこには、明らかにアメリカの強力な日本つぶし戦略がありました。

失われた三〇年の間、日本のお金がアメリカに流れていた

高山 失われた三〇年の間、日本のお金をアメリカに還流することで、アメリカのドル基軸通貨体制を維持してきた。それが、日銀がこれまで金利を上げられなかった理由です。

モーガン おっしゃるとおりです。日本銀行のインフレ目標二%というのは欺瞞です。二%の問題ではありません。日本の通貨が支配されていて、主権国家として自分の国の通貨の金利を上げられなかったからです。

植田和男日銀総裁は飾りものにすぎません。植田さんの仕事なら私にもできる。ワシントンの顔色をうかがって、「いまなら利上げできる」と判断しているだけですから。本当に芯まで腐敗していて、日本で革命が起きないのが不思議です。

高山 日本に必要なのはそれこそ「日本版トランプ革命」かもしれないね。日本のトランプが出てこないと、改革はできないでしょう。

日本の官僚システムは明らかにディープステートと一体化しています。とくに財務

省と外務省です。財務省は本当にアメリカの思うとおりに動いている。安倍晋三首相の暗殺にも財務省が関係していると思うほどです。

なぜかというと、森友学園問題が噴出してきたのは二〇一七年の二月ですが、その前年、二〇一六年八月のジャクソンホール会議で、クリストファー・シムズという経済学者が「物価の財政理論」（フィスカル・セオリー・オブ・プライスレベル、FTPL）という経済理論を言い出した。FTPLという経済理論は、赤字国債を刷れば刷るほど、インフレになってデフレから脱却できるという、財務省からみたらとんでもない理論でした。そのシムズ教授を安倍政権の内閣参与でアベノミクスの指南役だった浜田宏一イェール大学教授が日本に呼んだ。それが二〇一七年の一月でした。正月のまだ松の内にクリストファー・シムズは官邸で安倍首相に会っています。それを官邸日誌で確認して、これは危ないと思った記憶があります。

そのあとすぐに森友学園の問題が出てきた。森友学園の土地売却問題は、近畿財務局が詳細を全部握っているから、事情はすべてわかっている。メディアに流せば自分たちも傷つくけれども、安倍政権にとっては致命傷になる。「肉を切らせて骨を断つ」作戦です。森友学園問題で安倍首相を攻撃したのは、基本的には朝日新聞でした。安倍晋三によって朝日の慰安婦報道の嘘が明らかにされて、朝日は謝罪に追い込まれたという怨念が朝日にはあったからです。

最終的にはCIAと財務省が組んで安倍暗殺までいったんじゃないかと疑っています。なぜなら、財務省が殺人部隊を持っているわけがありませんから、殺人部隊はCIAとしか思えない。

モーガン　なるほど。最終的にはCIAが関与したかもしれない。財務省も完全にワシントンのディープステートの出店になっている。安倍さんが立ち向かった敵は財務省だと私も思います。安倍さんの回顧録の中にも財務省との確執はたくさん書かれていました。

財務省の間違った経済知識が日本の停滞の原因

高山　結局、通貨の信用創造の意味を財務省が理解していないことが安倍さんとの確執を生んだ悲劇の原因になっていた。財務省のエリートたちは、東大法学部出身者がほとんどなので、金融経済の知識がほとんどない。だから日本国債を発行することは、国民から借金をすることではなくて、マネーサプライをすることだという基本がわかっていない。

マネー創造は、片側に負債があって、反対側に資産があるというバランスシートが基本です。マネーはだれかが負債を引き受けるから生まれるというパラドックスによって成り立っている。それが貨幣という不可思議な存在の特徴です。日本国がお金を国民から借りるから民間にお金が出る。これがマネーサプライ（マネーストック）になるわけです。

ただ、こうした貨幣論は経済学においても、なぜか継子《ままこ》扱いにされていて、この通貨のパラドックスが経済学の中にうまく組み込まれていないことが、こうした不幸な誤解を生んでいる。つまり借金する人がいなければお金が回らないし、利子もつかない。その昔、ウォルター・バジョットが、「ジョンブルはたいていのことには耐えられるが、三％の利息には耐えられない」と言ったように、利子がつかなければ資本主義経済は回らないのです。

昔は銀行に預金すれば六％くらいの利息がついた。それがいまは小数点三位くらいでようやくパーセントの数字がつく。これでは利息とは言えない。だれかが借金してお金を使ってくれないことには経済は回らない。ところがデフレ経済ではだれもお金を借りてくれない。つまり家計の貯蓄をだれかが使わないと、使われないお金、すなわちデフレギャップができてしまう。このデフレギャップをだれかがうめないと経済は回らなくなって、不況になってしまうのです。だれもデフレギャップをうめる人がいないときは、政府がお金を借りてデフレギャップをうめなければいけないのです。

資本主義が回らなくなって、GDPが減ってもいいなどというばかげたことを言う人がときどきいますが、GDPが減れば、その分だけ収入が減るので、収入が減った分だけ人の命が失われるということを知らない愚かな考えです。

モーガン　そのとおりです。まったく同感です。財務省が財政赤字を嫌うのには、戦後GHQの影響下でつくられた財政法の第四条に財政均衡主義が入っているという理由もありそうです。これはドイツと同じで、ドイツもワイマール体制のときにハイパーインフレを経験した。だから、ドイツは国家の借金を極端に恐れる財政均衡主義が徹底している。

そこで、EUの通貨統合をするときに、マーストリヒト条約で財政赤字を三%以内におさえるという条文を入れてしまった。この条文のおかげでヨーロッパは財政政策の自由度を失って金縛りみたいになってしまった。しかもEUの域内では同じユーロの通貨を使うので、どこの国の国債も買える。そこで、イタリアやギリシアなど南欧の国民は自国国債を買わずに、信用のあるドイツ国債を買ってしまう。そうなるとイタリアは財政出動ができなくなって、経済政策の手を縛られてしまうのです。これがEU通貨統合における致命的な欠陥になっている。ドイツだけが儲かるような仕組みにしてしまったことの弊害がいま出ているわけです。

連邦準備制度に隠された通貨の秘密

モーガン　イギリスの財政史や経済史に興味があって、いくつか本を読んでいますが、非常におかしいと思うのは、たとえば連邦準備制度が民間銀行になっている仕組みです。一部の金融資本家が連邦準備制度を私物化して、通貨発行権を握って、そこから利益を得ているという構造です。

髙山　さきほども説明したように、貨幣というものは、片側に借金をしてくれる存在がいないと成り立たない。その昔は、国王が借金していた。そのお金で国王は戦争をして、勝てば戦利品で借金を返していた。ところが戦争が長引いたり、負けたりすればば、借金は返せなくなって国王は破産してしまう。本当に昔の国王たちは破産を何度も繰り返しています。あの日の沈むことのないとまで言われたスペイン帝国のフェリペ二世ですら、何度も破産しています。

モーガン スペイン帝国を維持するためにフェリペ二世は借金を負うことになってしまった。アメリカとイギリスは逆に自国が経済的利益を巨額に膨らませていても、あえてインドとか日本など他国が赤字になっていることには目を向けなかった。イギリスの経済史を読めば、そうした事情がよくわかります。

天才経済学者だったジョン・メイナード・ケインズはお金がどこから来ているのか、よくわかっていた。

しかし、そのケインズでさえ、インドを搾取することでイギリスが豊かになっているという三角貿易の構図は理解していません。それがわかったのは一九四四年のブレトンウッズ会議で、ドル基軸通貨体制によって全世界が支配できることが明らかになったときでした。通貨を支配できれば、いくらでも三角貿易ができるからです。

しかし、そのためには借金を背負ってくれる日本やドイツといった永遠の属国が必要です。プラザ合意はその典型でしたが、日本経済が強くなれば、すぐに経済的ヒットマンを日本に派遣する。そのために、日本経済は何十年も立ち上がれなかった。

高山　日本でも吉川元忠さんという国際金融の専門家が帝国循環という表現を使っていました。ニクソン・ショックで金とドルとの連結が切られたときに、アメリカはオイルマネーを還流させて乗り切った。石油の取引にはドルを使わせることで、アメリカにドルが還流する仕組みをつくったわけです。

モーガン　ペトロダラーが生まれたわけですね。

高山　その後一九八五年にプラザ合意をやって、日本はドル安誘導を強いられて、円高と低金利政策でバブルを膨らませることになった。

モーガン　日本は特別に被害者、犠牲者にされたわけですね。つまり、ワシントンの生贄《いけにえ》です。先ほどおっしゃったとおり、通貨がどこから来るかと考えると、どうしても負を背負ってくれる人が必要でしょうね。

高山　日本経済が長期低迷したのは、金融面では、ドルとの関係が大きかった。産業としては半導体がつぶされたことが致命的だった。

モーガン　その意味では日本とドイツは特別です。もう一つ付け加えると、ワシントトンはロシアを属国化させて第三国にしようとしてきた。ところが、プーチンは「ノー」と言った。その点、ドイツと日本は独立しようとしても、このドル支配の構造から脱却しない限り、おそらく完全な独立は不可能ではないでしょうか。

日本は内務省という免疫機能をもった役所をつぶされた

髙山　先ほどの財務省の話に戻ります。財務省はかつて大蔵省と言っていた。最強の役所、財務省がいま一番偉そうにしていますが、戦前は内務省が一等官庁でした。終戦の一九四五年にGHQが最初にやったのは内務省の解体です。内務省はどの国にもある。政治制度や官僚システムの中枢を担うのは内務省の役割です。だから、日本にも内務省があった。

たとえば疫病が流行したときに対処したのが、内務省のうちのいまで言う厚労省の部門だった。厚生省は終戦直前に独立していますが。内務省には、警察機構も入るし、入国管理も入る。つまり国内の治安と安全を維持するのが、内務省の役割でした。

たとえば、日本で何か変な伝染病がはやると死亡率が一番高かったのが警察官でした。病人の隔離作業は強制性があり、それで警察機構がやった。そのために殉職する警官が多かった。ところが、この前のコロナ騒動のときは、厚労省もバラバラだし、警察もバラバラ。入管は法務省だというので統制がまったく取れていませんでした。

モーガン　国家としての危機管理がうまく機能していなかったですね。

髙山　アメリカには内務省があるし、もちろん英国にも内務省がある。内務省があるからこそ、国内治安やスパイの摘発から何から全部できるわけだ。日本はそれができないのは、日本を弱体化するための政策だったとしか思えない。

モーガン　政府の免疫システムを取り除いてしまったわけですね。自分たちの体である国家を守るために外敵を排除したり、無力化するのが内務省ですから。そうすると財務省はさしあたり心臓になる。お金を集めて、再配分するポンプの役割をしていますから。

髙山　いや、財務省は、単なる国家財政のブックキーパー、会計係だ。どこに出動するか、どういうふうにするかは内務省と外務省が決める。財務省は単なる会計士にすぎない。しかし、内務省がなくなったので、その会計士が勝手に一等官庁なってしまった。だから、国家の危機管理をする人材もいなくなった。

正力松太郎は国士なのか、スパイなのか

高山　かつて内務省には、たとえば正力松太郎がいました。彼が何をやったかというと読売新聞や読売テレビというメディアも握ったし、そのほかに原子力発電もやっている。エネルギー資源のない日本には原子力発電は最も望ましかった。しかし、アメリカは日本には核を持たせたくないから、原発導入に反対した。そうしたら、正力は、英国からコールダーホール型の原発を入れてしまった。コールダーホール型というのは黒鉛減速炭酸ガス冷却型原子炉で、チェルノブイリ原発と同じ黒鉛炉です。

いま北朝鮮が、五〇〇〇キロワットの小さな実験炉を持っている。この黒鉛炉は天然ウランが燃料で、しかも、それを燃やして出てきた使用済み燃料を硝酸に溶かして、そこにリン酸ビスマスというのを添加する。そうするとウラン235と同じ核爆発を起こすプルトニウム239ができる。北朝鮮は黒鉛炉からできるプルトニウム239をつかって核兵器をつくっている。北朝鮮のは、五〇〇〇キロワットですが、日本の正力松太郎が入れたコールダーホール型原子炉は、一六万六〇〇〇キロワットだった。

それが東海村にあって私が駆け出しの記者だったころに取材に行ったことがあった。つまり、あの時期、リン酸ビスマスを降りかければ日本は核保有国になれた。日本はリン酸もビスマスも硝酸もみんな持っている。天然ウランは人形峠に山ほどあるから、この段階で原爆を持ったのと同じだったわけです。そこまで正力はやった。それを見て米国は驚天した。日本は米国に対しいつでも二発の核を報復で使うと信じていた。それでネコなで声になって、軽水炉を提供してきた。いま九電力が使っている加圧水型と沸騰水型の軽水炉がそれです。軽水炉から出る使用済み燃料はプルトニウム２４０が圧倒的に多くて、原爆はできないからです。いま日本にある原発が、すべて低濃縮の軽水炉になったのはそういう事情があったからです。

正力だけでなく、鈴木俊一都知事もそうだけれど、内務省上がりの人はみんな秀才でした。内務省上がりというのは凄腕の人ばかりで、戦後日本を切り盛りしてきたのは彼らです。その末尾のほうには中曽根康弘もいる。彼も内務省出身だった。だから、中曽根は正力の前に出ると頭が上がらなかった。その中曽根をナベツネ（渡辺恒雄）に引き合わせたのも正力だった。ナベツネはそれで偉そうに、中曽根は自分が首相にしたと威張っていたが、違うだろう。彼は正力の遺産で威張っていただけだ。

それほど立派な内務省がつぶされて厚生省になったり総務省になったりして優秀な官僚が全部消えてしまった。

モーガン　結局は官僚や政治家たちに国家観があるかどうかですね。国家をどういうふうに運営すればいいのかという戦略的思考が彼らにはあった。

髙山　財務省はただお金を回すだけの会計係なんだから、国家思想がない。要するにブックキーパーが偉くなって国家運営の中枢を握ってしまった。内務省解体というのは、米国はそこまで考えてやったのかどうかはわからないけれど。

モーガン　しかし、不思議に思うのは、内務省の優れた人物たちは、国家観がしっかりしていたはずだけど、なぜアメリカに抵抗しなかったのかということです。もちろん占領政策でがんじがらめになっていて、どうしようもなかったというのはあったと思います。でも、なぜ日本を裏切るようなことになったのか。

有馬哲夫先生の『原発・正力・ＣＩＡ』（新潮新書）を読みました。衆院議員になった正力が、読売新聞とＣＩＡを使って、原子力に好意的な親米世論を形成するための工作をするという内容です。正力がＣＩＡの工作員だったと言う人がいて、有馬先生が最近、そうではないとご指摘されています。というのは、有馬先生は、工作員を狭義に理解していて、工作員は完全にスパイという意味になるので、そうではないとお考えのようです。正力の場合は、自分が工作員だという自覚はなくて、CIAにマークされていると思っていたという解釈です。でも、正力ほど頭のいい人間が、自分のしていることがワシントンにも望まれているとわかっていないはずがないと私は思います。だから、私は正力は日本を裏切ったという解釈になるのですが。

髙山　人にはいろいろな面があるし、評価もあると思うけれど、正力がいなければ日本の原子力政策は一歩も進むことはなかったでしょう。日本はエネルギー小国だから、石油を禁輸されたためにアメリカと戦争をやることになった。結局、エネルギー小国だから負けてしまった。その教訓もあって、どうしてもエネルギー資源を確保しようというので、正力は原子力委員長になった。それはやはり日本を思ってのことだし、もしアメリカの手先ならばそんなことは考えない。むしろ、そのアメリカの裏をかいてコールダーホール型の黒鉛炉を入れた。これはすごい離れ業だった。二言目には正力はCIAのスパイだったと言うのは、ちょっと筋違いじゃないかという気がします。

宮澤俊義の「八月革命説」とアメリカ独立宣言

髙山　戦後日本を呪縛し続けているのは、日本国憲法だと思いますが、戦後憲法を考えるうえで宮澤俊義という愚かな学者の存在は欠かせない。

モーガン　「八月革命説」の憲法学者ですね。

髙山　ポツダム宣言の受諾によって天皇から国民に主権が移行して、憲法制定勢力となった国民が日本国憲法を制定したというのが、「八月革命説」ですが、これでマッカーサー憲法に正統性を与えた。その功績を認められて宮澤は貴族院議員になっている。マッカーサー憲法を正統化させたへつらい上手な学者に飴玉をやったというようなものです。やり方が見え透いている。そんな宮澤を敬って、二代目以降の憲法学者の芦部信義や長谷部恭男たちを全部フルブライト留学制度を使ってアメリカに呼んでいる。そうして山本五十六も含めて全部、懐柔してきたのがアメリカです。

有斐閣から六法全書が出ていますが、私も法学部出身で、大学のときに使ったけれど、日本国憲法の前に米国の独立宣言が掲載されているのがそのことを象徴している。

モーガン　そうです。独立宣言が載っています。それは宮澤俊義が独立宣言が大好きだったからということらしい。最近そのことを知ってびっくりしました。

高山　芦部信義も米国の憲法が大好きだった。独立宣言はトーマス・ジェファーソンの起草ですが、前半はまともなことが書いてあるけれど、後半は、イギリスに対する文句や愚痴のようなものが羅列されている。

モーガン　確かに後半は愚痴の一覧で、私もこの愚痴は格好悪いと思っています。ただ、この独立宣言で特筆すべき重要なことは、「天賦人権論」が書かれていることです。だから、独立宣言を日本国憲法の前に載せている。

高山　日本国憲法は、戦争放棄の九条をのぞくと、ほとんど人権カタログと言ってもいい憲法ですからね。

モーガン　宮澤がそれを望んでいたんじゃないでしょうか。

高山　いや、宮澤にそんな崇高な考え方はなかったでしょう。単なる俗物です。宮澤だって占領軍の意向を聞く前までは、帝国憲法をいじるつもりはさらさらなかった。ところがGHQの意向がわかると、自分も帝国憲法を支えてきた一人だから、放っておけばいわゆる公職追放になる。だから、自分が生き延びるために考え出したのが、

「八月革命説」だった。その程度のレベルの人物だったと思います。

選挙区まで変えて通したマッカーサー憲法

髙山　終戦の翌年の一九四六年四月に議会を解散して、ＧＨＱが二人区制だった選挙区を、一五人区を一四人区、一三人区へとめちゃくちゃに選挙区を変えた。要するにゲリマンダーと同じで、トカゲみたいに選挙区を変えて、ＧＨＱ推薦の共産党員や社会党の加藤シヅエたちが当選するように謀った。しかも連記制だった。日本の選挙制度にそんなでたらめは一度もなかった。そこまでいじってマッカーサーは自分の憲法を通した。あの選挙自体がインチキだったわけだから、そんな憲法に有効性があるわけはない。だから、憲法改正より憲法破棄を議論すべきだと私は思う。

モーガン　私もそのとおりだと思います。

髙山　そもそも日本には憲法は必要ない。明治憲法も、列強に不平等条約を結ばされて明治維新をなしとげた元勲たちが、不平等条約を改正しようとしても、帝国主義勢力から「憲法のない国とは交渉できない」と言われたので、仕方なく大慌てで憲法を制定したにすぎません。なぜ欧米で憲法が必要なのかといえば、彼らが絶対王政を否定して、王様の権利を制限するために必要だったからです。

日本は逆で、天皇陛下がおられるだけで、一君万民で国家はうまくおさまる。欧米はそうはいかない。国王の権利を制限しないと国民が不利益を被る。だから、憲法が必要だった。

モーガン　まったくそう思います。ニュージーランドにマオリという民族がいます。若いマオリの女性がニュージーランドの国会議事堂の真ん前に立って、マオリの権利を制限する法案を、みんなの前でちぎってみせた。彼女はヒーローになった。日本の政治家も日本国憲法をちぎればいい。国会の真ん前に立ってちぎって、ばらまく。

高山　六法全書を広げて、まず独立宣言のページをやぶくのがいいね。

モーガン　そうすれば、「日本国憲法なんていらない」と、日本国民の目が覚めるかもしれない。その場で破棄です。

高山　あの憲法前文を床に敷きつめて、それを踏んで入るというのもありかも。

モーガン　踏み絵ですね。

高山　イランがそうでした。星条旗とイスラエルの旗が、駅の入り口や公共建造物の入り口に描かれている。だからそこに入るには、星条旗やイスラエルの国旗を踏んで入るしかない。あれを見て、踏み絵というのはあるんだと思った。テヘランにはヒルトンもシェラトンもあって、イラン政府がいまは押収して営業しているけれど、ホテルのフロントの上に「ダウン　ウイズ　ＵＳＡ」と書いてあった。

モーガン　それは日本国旗を踏んづけたり燃やしたりする韓国と同じ発想ですね。

六年前になりますが、友人と一緒に韓国へ行きました。友人は初めての韓国旅行でしたが、空港からホテルまで乗った電車では、乗るとすぐに反日プロパガンダが流れ出しました。「日本はこんな悪いことをやった」と英語でアナウンスしていました。友人は日本人ですが、ここまで嫌われているのか、と落ち込んでいました。アメリカ人の目からしても、それはやり過ぎです。

髙山　日本人には人を辱めるために他国の人が価値を認めているものを破いたり踏んづけたりする発想は絶対にありません。

日本の戦争は正しい戦争だった

モーガン　アメリカや中国と、日本のやり方はあらゆる局面で違っています。
　たとえば農業です。日本は、天災に強く収穫量も多い新しい小麦の品種を発明した。逆にアメリカはアヘン栽培をやった。日本が朝鮮半島から台湾を統治して、ロシアが南下してくる圧力に対抗するように中国大陸に進出して満洲帝国をつくった。それをアメリカが入ると全部ぶっ壊してしまった。日本がやろうとしていたのは、アジアを解放するというういい意味での帝国だった。

髙山　満洲帝国は建国から五族協和でやろうとし、アヘンを押さえ、伝染病を退治し、インフラを整備して民衆の生活の向上を目指していて、それはきわめてうまくいっていた。

モーガン　結局、アメリカが戦争をやって日本の帝国を解体した。もし干渉しなければ、その問題はなかったはずです。アメリカが下手に日本を解体しなければ台湾問題はないし、朝鮮半島問題もなかった。もちろん満洲も、チベットも中国のものじゃなかった。国共内戦は漢民族だけの問題にとどまっていたかもしれない。

髙山　冷戦を決定づけた封じ込め政策で有名なジョージ・ケナンが、日本をつぶしたのは大きな間違いだったと言っている。アメリカがよけいな介入をして中国の利権を取ろうとしたのが、そもそもの間違いだった。

たとえば台湾を日本が領有したときに、日本はまず学校をつくった。中国人を教育し感化していくのはたいへんな事業だった。そうしたら、台湾派の連中が台北で日本人の先生を正月に皆殺しにしたという事件が起きた。五人の先生と用務員一人が殺されたその事件は日本でも大きく報道された。そしたら「彼らの代わりにオレが行く」と手を上げた人が五〇〇人もいて、台湾の教育事業はすぐ軌道に乗った。たとえ殺されても、銃を持って仕返しに行くのではなくて、教育で報いようという熱意をそのときの日本人は持っていた。

台湾に精糖業をもたらしたのは、児玉源太郎だった。台湾では精糖が基幹産業になると言って精糖機械を持ち込んだ。そのおかげで台湾の産業の基盤ができた。さらに後藤新平も行って、台湾統治は、ものすごくうまくいった。

有名な八田與一は灌漑事業を興した。台南の烏山頭ダムというすごいインフラを整備して、どうしようもなかった荒地を美田に変えました。
八田與一は台湾の次に、フィリピンの農地改革を命じられて、昭和一七年に日本が占領したフィリピンに行く。ところが、途中で船が潜水艦にやられて、八田與一は泳げなくて亡くなってしまう。
八田與一の奥さんは終戦まで台湾にいましたが、GHQが外地に日本人は必要ないという引き揚げ命令を出した。最後の日に子供たちを先に送り出したあと、夫がつくった烏山頭ダムの放水路に身を投げました。

モーガン　それが日本人のハートだと私には感じられます。

高山　そんなことをする民族は他にいません。なんで奥さんが自殺するのか、他の国の人には信じられないいんじゃないか。おそらく夫の八田與一に殉じた、ある種の心中だったんでしょう。奥さんのお墓はいまも烏山頭ダムの八田與一の銅像の脇にあります。このお墓は日本人なら必ず見てほしい。

第四章

アメリカの黒歴史を暴く

アメリカ人の生い立ちは「現代のイスラエルびと」だ

髙山　ハーマン・メルヴィルは、「アメリカ人は現代のイスラエルびとだ」と言った。神が与えたカナンの地になぞらえた北米を次々開拓していくときに異民族がいれば全部やっつけてきた。しかも、それは戦争（ウォー）という言葉を使って、原住民の虐殺ではなくて戦争でやっつけるんだと言ってきた。そのために三七〇もの条約を結んだというところに、ものすごくアメリカの奸智《かんち》を感じる。

それだけの条約をインディアンと結んでそのどのひとつも守らず、彼らの土地を奪っていった。自分の土地を持つということはプレイリードッグのようにイエローカラードの人たちを殺すことを意味する。そこになんのためらいもないわけです。

モーガン　そのとおりです。

髙山　それで太平洋に出て、次にアメリカが考えたのは、ラス・カサスがやった虐殺を喧伝してスペインを貶《おとし》めながら、スペインの領土を取っていく。それが米西戦争だった。そのスペインの領土だったフィリピンの先にあったのが中国でした。中国大陸をファイナルステージとして、同じように新しい現代のイスラエルびととして入っていった。それは自分たちの利益のためです。ところが、日本が中国大陸を影響圏にしよう、と動いていた。当時はブロック経済の時代なので、日本が生存圏（レーベンスラウム）をつくろうとしたのがアメリカには許せなかった。自分たちが中国の利権を握るはずだったのに、日本が邪魔者になった。

モーガン　日本はアメリカから敵視されるようになったのです。

髙山　アジアというとアジア民族、日本人と中国人という似たようなのがいる。たとえば日露戦争前にロシアが南下してきた。中国の黒竜江沿いの黒河《コッカ》という町の対岸にも中国人の広大な集落があった。そしたらロシアはそこで、黒竜江の渡河を禁止し、ロシア領内に在留した中国人全員を虐殺した。犠牲者は、二万人、なかには一〇万人だったという説もあります。ロシア軍はさらに黒竜江を渡り、愛琿など中国の町や村を焼き払って住民を虐殺した。

それが一九〇〇年の義和団事件のときのことでした。その後、一九〇四年、五年の日露戦争に日本が勝った。そのときは中国人と日本人がロシアを負かしたと言って北京で提灯行列をして爆竹を鳴らして喜んだ。

それを見たドイツの駐北京公使が「日本と中国の黄色い者同士がアジアを生存圏として手を握ろうとしている。それはわれわれの利権を棄損しないか」という手紙を送っています。それとまったく同じことをムッソリーニも言っているし、アメリカも言っている。アメリカも日本と中国が手を組めば、アジアに白人は入れなくなる。だから、割って入ってきた。

中国人でも満洲民族はしっかりしているけれど、漢民族は知性が低く、金にも弱い。だから、米国が袁世凱にカネを握らせ「ちょっと日本を罠にはめようよ」と持ちかける。対華二十一カ条要求を書き替えさせて、日本はかくも傲慢と袁世凱が泣いてみせ、それを米国が世界に喧伝して、日本を非難する国際世論を起こす。そうやって、日中間にくさびを入れたのが、アメリカの宣教師や外交官がやってきたことです。

モーガン　先生のおっしゃっていることは非常におもしろくて、アメリカというのはどれほど残酷な国なのか、それが日本ではほとんど理解されていない気がします。

アメリカが法治の国、民主主義の国なんて笑っちゃいます。有色人を皆殺しした上で奪った土地を分けるという法律はありますが、法治の国ではないんです。

日本の戦争目的はアジアの解放だった

モーガン　私が最近気になっているのは、昭和史復元研究集団札幌学派の代表をやっている安濃豊《あんの》という先生です。安農先生は真珠湾作戦について、アメリカ太平洋艦隊が本当の攻撃対象ではなく、アジアの解放こそが本当のねらいで、真珠湾作戦は時間稼ぎのためだったとおっしゃっています。私は安濃先生の説を読んで腑に落ちました。

大きく俯瞰すれば、日本はアジア解放のために戦争を始めたわけですが、白人たちはそれを絶対に許せなかった。常に白人がアジア、アフリカをコントロールしなければならないと考えていたから、日本と中国の戦争に介入した。日本と中国というアジア人同士が争っていたのだから、そのまま放っておけばいいのに、その争いに白人は干渉した。

私の祖父は、太平洋戦争を自分たちには関係がない戦争だったといつも言っていました。太平洋の反対側にあるはるか遠い国と争っても、私たちルイジアナの住民からすれば、まったく関係がない。われわれ南部の人間は、ヤンキーに負けたということもあって、ヤンキーがやろうとする戦争には参加したくないというのが基本的な考えです。しかも、私たちとは関係ない遠いところの日本人、中国人のどちらも嫌っていたわけでもない。

髙山 アメリカ人にはフロンティア・スピリッツというものがあって、マニフェスト・デスティニーで太平洋側まで進出しましたが、そこで終わったわけではない。まず古い帝国だったスペインをつぶします。アメリカはスペイン帝国をつぶすのに、まず言論を使った。それがアメリカのやり方でした。

モーガン そうです。バルトロメ・デ・ラス・カサスが書いた『インディアスの破壊についての簡潔な報告』という本がその典型ですね。スペイン人がインカをはじめとする南アメリカのインディオを虐殺したことをしきりに宣伝しました。

髙山 そうです。薄っぺらな本ですが、それをカラー印刷して、スペイン人はこんなにひどいことをしたんだと各国に知らしめて、その延長にいまキューバがあるという宣伝戦をやる。ラス・カサスの描いた野蛮なスペイン人がいまもキューバにいると宣伝した。

アメリカにとってキューバというのは、日本にとっての朝鮮半島のような脇腹に突き付けられた刃みたいなものです。だから、いずれ取らなければならないとアメリカは考えていた。その口実にラス・カサスを使った。そのためにカラー刷りまでして挿絵付きで絵物語の解説をつけて出版した。

先ごろ亡くなられた西尾幹二さんから、スペイン系の米国人が書いた『憎悪の樹』（論創社）という本を薦められたことがあります。この本の内容を簡単に説明すると、レコンキスタでイスラム勢力をイベリア半島から追い出したあと、彼らの銀行業務をやって大金持ちになっていたユダヤ人を宗教裁判にかけて好きに焚殺刑《ふんさつけい》にして財産を奪った。彼らはイザベラ女王から地位を保全されていたはずなのに、裏切られて迫害され多くがオランダに逃げざるをえなくなった。そこで彼らは、スペイン人の悪行、つまりラス・カサスの告白本を出版して、スペイン人がいかに残忍な民族かを喧伝した。それがまた時を経て、一九世紀末にアメリカは同じような宣伝戦をスペインに対してやったわけです。

『憎悪の樹』によると、それによって、スペイン人は民族としての覇気《はき》も失うことになった。彼らが海外に出ようとすると「スペイン人は人殺し野郎だ」と言われて国民全体が萎縮してしまった。民族のプライドを奪われたわけです。

同じことはマッカーサーの占領軍が来た日本でも、ラス・カサスの代わりにアメリカ人が執筆した「バターン死の行進」や、「南京大虐殺」という、そういう捏造リポートを広めて、日本人はどうしようもない残酷な民族で原爆を落とされても当然だと言いふらして独立心や日本人の自尊心まで侵食した。それをまずアメリカがやったのがスペインだったということです。

モーガン　そこがポイントですね。白人が長けているのはジェノサイドとプロパガンダと殺戮です。あと略奪にも長けています。資本主義は略奪から始まったと言ってもいい。そしてその略奪は、プロパガンダから始まるわけです。

高山　そのプロパガンダにもっともらしい理屈をつける。その理屈がすごい。それを普遍的な価値と言うわけです。

モーガン　高山先生が先ほどおっしゃったことは非常に重要ですが、キューバと朝鮮はちょっと違うと私は思います。朝鮮半島は地政学的に日本に対する脅威だというのは間違いないですが、キューバは白人がうまくコントロールできていないから、自分のものにしたいのです。モンロー主義でアメリカ白人がこの地球の半分を全部コントロールするという意志の表れです。

髙山　キューバは地政学的な問題ではないということですね。朝鮮半島は近くて攻められるから地政学的な脅威があるけれど、キューバはまったくそういう存在ではない。中米、南米含めてアメリカの勢力圏なのに、キューバだけは管理できていないという意識なんですね。

モーガン　その意味はこうです。旧大陸の白人であるスペインなどは、もう白人の旗を持つ資格がない。これからは俺たちアメリカ人が白人の最先端を担ってインディアンを撲滅して、ハワイからフィリピンまで支配していくというプロパガンダと殺戮と略奪の繰り返しです。

髙山　アメリカは、一八九八年のハワイ併合の少し前に米西戦争を始めてフィリピンを植民地にする。その前、一八二三年にはヨーロッパ諸国に南北アメリカ大陸への干渉に反対するモンロー主義を宣言している。そのときすでにアメリカは、ラス・カサスの虐殺ストーリーをばらまいている。南米諸国は全部、ラス・カサスの犠牲者です。だから「祖先たちをこんなひどい目にあわせたスペインに忠誠を誓うのか」と牽制したわけだ。

モンロー主義を打ち出した時代に、ジョエル・ポインセットという外交官に中南米に行って、どこかに争いごとをつくってこい、と大統領が命令した。ポインセットはメキシコに行って反対勢力を焚きつけて内戦を起こさせようとするけれど失敗した。反政府運動の首魁は処刑されてポインセットは追放になる。追放のときに最後に見た赤く咲く花を持って帰った。それが彼の名にちなんでポインセチアと呼ばれるようになった。

そのポインセットは、もっと若いころはイランにも行っている。旅が好きなんですね。アメリカ人の特徴は放浪者だということ。移動をなんとも思わない人たちです。

モーガン　いまも放浪者です。少し前に『ノマド』という映画が評判になりました。主人公の女性は、中西部のラストベルトで中流の生活をしていたのが、工場閉鎖で職を失って車を家にして流れ者のようにアメリカを移動する生活をするようになる。アメリカ人は職を失ったら次の日に私物をA４サイズのボックスで持って帰って、車に乗って西海岸にでも行ってしまう。私たちアメリカ人は基本的にホームレスです。だから、月に行きたい、火星に行きたいんです。

イーロン・マスクは典型的な南アフリカの白人です。南アフリカで巨万の富を得て植民地首相になったセシル・ローズは、惑星まで合併させたいと言っていました。イーロン・マスクは、非常に危険な人物です。典型的な帝国主義者と言っていい。彼がなぜ暗号資産のビットコインを使いたがるのかというと、火星に行っても使える通貨が必要だからです。ドルを紙で火星には持っていけない。でも、ビットコインなら火星でも使えるからです。マスクはＨ－１Ｂビザも火星で使いたいと言っているようです。

高山　Ｈ－１Ｂはインド系の人など、技術者を優遇できるような特定のビザですね。

モーガン　そうです。インドとか中国とかね。それは絶対になくてはならないとマスクは言っている。なぜかというと、アメリカ人はばかだから技術者として使い物にならないからです。

要は、アメリカの帝国主義は何も変わっていない。労働力が足りなければ、インドや中国から持ってくればいい。それがマスクの基本的な考え方です。労働者をコントロールして、火星を含めて宇宙のすべてをコントロールしたいと思っている。それがマスクであり、アメリカです。トランプはいつの日かマスクの危険性に気がつくと思う。本当は非常に危ない人間です。

高山　トランプ大統領とマスクは、たぶんどこかで決裂するでしょうね。思想が違いすぎる。

聖書のなかに西洋近代の残虐さが隠されている

高山　先ほどの話ですが、アメリカという国がキリスト教中世であるスペイン帝国を撲滅しようとする意志の中には、彼らがプロテスタントの、しかも急進派であるバプティストの人たちが主流であったことが影響していませんか。

モーガン　そうです。アメリカのピューリタンは選民思想のシオニストと言っていいです。ここは重要なポイントです。

高山　アメリカ人とは何かといえば「現代のイスラエルびと」だと言う。要するにアメリカという新しいカナンの地に来て、昔のイスラエル人がやったようにそこに住む民を片っ端から殺していく。原住民を殺すのはあたりまえ。インディアン殺しはすべて神の啓示のまま、神が与えてくれた道だからです。

それはちょっとご都合主義がすぎると思うけれど、そういうのを公然と言って、日本人が、日本人は特別だと言うことは許さないのに、自分たちだけは別扱いです。本当に自家撞着《じかどうちゃく》を起こしそうなことを平気でやっている。
　ご都合主義というか、口がうまくてたらし込むのがあまりにもうまい。たとえばインディアンをぶっ殺してどんどん行くと、ハーマン・メルヴィルが出てくる。『白鯨』を書いて、「神様、万歳」みたいなことを言うけれども、本当は少しも神など信じていない。出てくるのは悪魔ばかりです。

モーガン　急進派のピューリタンはもちろん、プロテスタントは、すべて聖書の解釈をめぐって対立します。しかし、カトリックは聖書が絶対というわけではなくて、神秘に包まれる天主がすべてという思想なんです。天主によって創造された人間とはどういうものかというところからカトリックは出発する。それが、カトリックの考え方です。
　先ほどから出ているラス・カサスは、インディアンであっても、洗礼を受けていなくても人間だと考えていました。その点では、スペインのほうがアメリカよりまだましでした。スペインは搾取はしましたが、アメリカのように虐殺（ジェノサイド）はしていません。イギリスも同様に、現地人はじゃまだからといって大虐殺した。それらをすべて正当化したのが、聖書だったのです。

髙山　聖書に関して思い出したことがあります。作曲家のすぎやまこういちさんが出資して慰安婦問題についての意見広告をアメリカの政治思想専門の雑誌『フォーリン・アフェアーズ』に出そうとしたときのことです。

意見広告の文章は私が担当した。旧約聖書の民数記（ナンバーズ）の中にミデアン人を征服する項があります。ユダヤの一部族から一〇〇〇人ずつ、一二部族あるから一万二〇〇〇人の部隊が行ってミデアン人の軍隊をみな殺しにし、羊などを略奪して帰ってきた。すると、モーゼが「ミデアンの女や子供はどうしたか」と聞いた。まだ生かしていると言ったら、もう一回行って殺してこい、とモーゼが命令した。男を知っている女、つまり人妻は殺せ。もちろん妊婦は殺せ。種を持っている男は赤ん坊に至るまで殺せという命令です。民族を根絶やしにする方法です。でも、男を知らない処女は「おまえたち兵隊への神からのプレゼントだ」とモーゼは言った。旧約聖書のその部分を抜き出して、略奪と強姦は聖書にも書かれて、認められた権利だったが、日本ではそんな殺戮もないし、処女を分取《ぶんど》る歴史もない。まして奴隷制もないから性奴隷もなかったと主張したわけです。

実際に、戦争末期一九四四年七月から九月にかけての中国戦線の拉孟《らもう》の戦いでは、日本軍はアメリカ人が指揮する圧倒的多数の蔣介石軍に包囲されて玉砕したけれど、逃げ込んできた慰安婦が一五人ほどいて、うち五人は朝鮮人だった。だから、「朝鮮人だと言って山を下れ。彼らが殺したいのは日本人だけだから」と説得した。それで五人の朝鮮人の女は山を下りた。日本人の慰安婦は残って日本兵と一緒に玉砕した。

日本人の言うとおり、朝鮮人の女性たちは殺されないで保護された。米軍がその聞き取り調査までやって写真まで残っています。その写真も掲載して意見広告にした。

慰安婦といっても、性奴隷ではないから、日本人慰安婦は日本人として潔く死んだ。だから、慰安婦の強制連行などないし、奴隷を知らない日本人にはもともと女の性奴隷もありえない話だと書いたんです。

その日本語の文章をヘンリー・ストークス氏が英訳した。ストークス氏は、二〇二二年に亡くなられましたが、『フィナンシャル・タイムズ』や『ニューヨークタイムズ』の東京支局長を歴任して、三島由紀夫の理解者でもありました。彼が子供のころ、神に選ばれた英国人がつくったシンガポールが、日本兵に占領されたことを知って、「そんなことはあってはならない」と言って怒った一人だったそうです。

そのストークス氏が、先ほど話したモーゼの虐殺と強姦を命令するくだりを何回言っても訳さない。仕方がないので私が自分で英訳すると言って訳し始めたら、ストークス氏も最後の最後になって、ようやくしぶしぶ訳した。しかし、『フォーリン・アフェアーズ』側は、原稿の中身を見たら掲載を取りやめると言ってきた。

後日、ヘンリー・ストークス氏は、『大東亜戦争は日本が勝った』（ハート出版）という本で、日本は正しかったと書きました。その本の中で、モーゼがこんなことをしたと旧約聖書にあるのを最初は知らなかった、と白状しています。

欧米人でも旧約聖書（オールド・テスタメント）は普通そんなに読んでいない。ましてやミデアン人のくだりなど読まない。民数記（ナンバーズ）というのは、要するに皆殺しにした民族の数（ナンバー）のことです。言われてしぶしぶ読んだら言ったとおり書いてあって、慈悲と寛容のキリスト教徒としては聖書にこんな記述があることが恥ずかしくてヘンリー・ストークスが訳そうとせず抵抗したというのがおもしろかった。

モーガン　いまおっしゃったことと同じ経験があります。もう一二、三年前のことですが、秦郁彦先生と平川祐弘先生が意見広告を出したいと言って、私がその交渉を担当したことがありました。アメリカの学術雑誌に名刺ぐらいの大きさの意見交換を呼び掛ける広告を出して、歴史の問題を取り上げたいと持ち掛けたのですが、もちろん却下されてしまいました。

いまおっしゃったことは非常に重要だと思います。旧約聖書にはまさにそうした残虐な話がいくつも書いてある。ただ、キリスト教でもカトリックは基本的に聖書を読まない。プロテスタントは聖書だけが神の言葉だと信じていますが、それは間違っています。旧約聖書を読めば、とんでもないことが書いてある。それも神の言葉だとすれば、神はとんでもない存在だということになってしまいます。

私は、イエス・キリストという人はそれにうんざりしたんだ、と考える。そういういやなことばかりがあって、窮屈なルールばかりがあってそれはいやだから、敵を許して敵を愛せ、とイエスは言った。

だからカトリックは、「汝らは敵を愛せ」という人類のためにユダヤ教をアップデートしたまったく違う宗教なんだと私は思う。私からすれば、旧約聖書は暗くて読みたくないところが多いんです。

強姦ばかりやってきた白人が、日本人のせいにした

モーガン　歴史を調べれば調べるほど、白人は強姦ばかりやってきた。それを日本人のせいにするという心理的な構造は何なのか、ずっと気になっていました。

考えてみれば虐殺や強姦はユダヤだけではありません。ローマも最初は集団強姦から始まっています。ローマを建国したとされるロムルスが、人口を増やそうとして一計を案じてローマにほど近いところに住むサビニ人の男たちを催し物に招き、男たちが見物に熱中しているスキにサビニの女たちを略奪したという話です。

怒ったサビニの男たちとローマの男たちのあいだで激しい戦いとなったが、略奪されたサビニの女たちが間に入り、「どちらが勝利をおさめても私たちが不幸になることにかわりはありません。サビニ人が勝てば夫を失うことになります。ローマ人が勝てば親兄弟を失うことになります」と訴えたので戦いは中止され、ローマはラテン系とサビニ系の住民がともに住むようになった。

高山　愛知教育大学教授だった北村良和さんが『聖と俗の社会学』という本の中で、

ローマの建国に関連して面白いことを書いています。彼によればローマを建国した人々は泥棒集団だというのです。その証拠に、ローマ法はつねに自分のものだと主張し続けていなければ所有権が失われるという法理がある。それが時効という法概念になったというわけですが、それはローマ人が泥棒だったからだ。泥棒でないと考えつかないというのが北村さんの説です。

モーガン　それが西洋です。アメリカの弁護士は、みんなそういう考え、みんなローマ精神なんですよ。それがアメリカという国の本質です。ジェノサイドはあたりまえ、非白人であれば「いくらでも殺してもいい」と考える。彼らの歴史の中では、奴隷と強姦はつきものだった。

高山　インディアンを制圧するために丹念に一部族ずつつぶしていたら、自分たちもやられる危険がある。だから同士討ちをさせるのがアメリカ白人のやり口です。マサチューセッツに入植した白人を最初は農耕を教えたりして助けてくれたワンパノアグ族を排除するために、モヒカン族とモホーク族を味方につけて虐殺した。負けたワンパノアグ族の酋長は首を切られ二〇年も晒された。女、子供や部下のインディアンはみなカリブに奴隷として売られた。アメリカ人はインディアンの部族に対して三七〇の条約を結んでその土地を取り、それに対応する代価を払う条項は一つも履行しないで滅ぼしていった。

モーガン　そう考えると、日米同盟も三七一番目の契約だということが言えるかもしれませんね。

髙山　まさにそう思います。アメリカが中国の利権を獲得しようとしたときに何を考えたかというと、インディアン戦争と同様にアパッチ日本に対してチェロキー中国をけしかけるという構想があったのではないかと疑っています。つまり、日本と中国を戦わせて日中が完全に疲弊しきったところで、とどめは米国が刺すみたいな話です。だからまさに日米同盟は三七一番目の契約かもしれない。

たとえば、ダコタインディアンの最期は、マンカトというところでした。

モーガン　ミネソタ州のマンカトですね。

髙山　そうです。そこに巨大な四角い台をつくって、そこで三八人の酋長をいっせいに絞首刑にした。西部劇で、二、三人を一緒に吊るすことはあるけれど、三八人を同時に処刑するというのは世界記録だそうです。日本を占領したマッカーサーにはその意識があったから、厚木飛行場に着くなり、副官のボナ・フェラーズに「戦犯を三九人吊るせ」と言った。

なぜ三九なのかと思って調べてみたら、マンカトが三八人なので、それプラス一で、マッカーサーは非白人三九人の同時処刑をやって世界記録を塗り替えようとしたと考えると、すごくわかりやすい。

日本国憲法は、マッカーサー憲法だと言う前に、そのことをどうしても日本人に説明してやりたい。まずアメリカを知って、そのうえでマッカーサーを知りなさいということです。

イラン・イラク戦争でアメリカが「悪の帝国」であることがわかった

髙山　アメリカという国が「悪の帝国」だということをはっきり理解したのは、私が記者としてイランに駐在していた一九八〇年代のことでした。イランは一九七九年にパーレビ国王が亡命して、ホメイニ革命でイスラム教国家になっていた。イスラム化したイランが混乱状況にあったので、イラクのサダム・フセイン大統領がイランのアラブ人地区フゼスタン州の石油資源を取るために、戦争を始めた。イランは、アラブ系ではないアーリア系です。
アラブ人のイラクがイランに攻め込んだら、ホメイニ体制はいやだと言っていたアーリア人のイラン人が、民族意識に目覚めて、「ペルシア帝国という大帝国にアラブ人が立ち向かうとは」と本気になって戦争をやった。それでイラクもひるんで戦争を一年でやめようとした。そうしたら、アメリカが戦争をやめさせないように、イランとイラクの両国に武器を供与した。いわゆるイラン・コントラ事件です。一方のイラクには西独を通じてサリンやマスタードガスなど毒ガスの製造プラントを寄贈しました。

モーガン　イラン・イラク戦争は終わったのが一九八八年ですね。

高山　人口でいうと、イラクの一五〇〇万人に対して、イランは六五〇〇万人だからイランのほうがはるかに大きい中東の大国です。
イラクもイランも、食べ物は同じで、主食は小麦。デーツや羊肉を食べるのも同じ。ところが、人口でイラクはイランに圧倒的にかなわない。なぜこんなに人口の差ができるのか。その理由はコメだとわかった。なぜなら、コメを食べると成分のアルギニンのおかげで精子がたくさんできるからです。精子の細胞膜は植物性のタンパク質なので、コメを食べると精子がどんどんできるらしい。イラン・イラク戦争中に、サダム・フセインが「イラク人はコメを食え」と命じた記事が載った。サダムは本気だったんです。

モーガン　アメリカは見境なく武器供与をやって、各国の事情などは全然見ていなかった。イラン・イラク戦争はアメリカがイラン・コントラで武器を供与し、イラクにも武器を与えた。イラクがイランに撃ち込んだミサイルはみんなアメリカのミサイルでしたね。

髙山　例えば、「ＴＯＷミサイル」という有線ミサイルなどをイラクに導入したのもアメリカです。要するにアメリカという国は、自国の軍事産業の在庫処分をするためにときどき戦争をしないともたない国なんです。イ・イ戦争もアメリカのおかげで結局八年も続いた。

オバマ政権時代の国務長官だったヒラリー・クリントンも戦争屋でした。彼女が、リビアのカダフィをカラー革命で失脚させて殺させた。そしてリビアが保有していた武器をイスラム国（ＩＳ）に供与して、シリアのアサドも倒そうとした。

二〇一二年九月にリビア東部のベンガジの米領事館で、その武器取引に関わったとみられたクリストファー・スチーブンス駐リビア大使と大使館員三名が殺される事件があって、さすがのヒラリー・クリントンも体調を壊して翌年には国務長官を辞めた。「アラブの春」の名で中東をめちゃくちゃにしたのはヒラリー・クリントン一派でした。そういうことをアメリカは平気でやる。恐ろしい国です。

モーガン　そうです。アメリカは他国を利用して自国の利益を得ることにためらいはありません。

最近、気になっているのは、日本も同じようにアメリカに利用されることになるのではないかという予兆が出てきていることです。バイデン政権の国務長官アントニー・ブリンケンが二〇二五年一月六日に、韓国へ行った帰りに日本を訪問した。バイデン政権が進めてきた日米韓の連携維持が表向きの理由でしたが、ブリンケンの訪日目的のもう一つは、おそらくウクライナ戦争で武器を使いすぎて在庫が払底しているから、日本にももっとつくってほしいという話だったと思います。

髙山　アメリカ製のミサイルが足りなくなってきたから、日本にも導入している同じ型のミサイルを増産してほしいということですね。ミサイル防衛に使われるパトリオットのPAC3ミサイルの在庫が不足しているので、日本から輸出してくれという要請があって、日本が輸出することになっている。

モーガン　考えてみたら、それは白人たちがこの五〇〇年で世界を征服した過程で行われた三角貿易と同じことです。

アヘン戦争（一八四〇年）が起きたのは、イギリスで紅茶ブームが起きて、中国から大量にお茶を購入したために イギリスから銀が流出した。そこで、インドからアヘンを中国に輸出して、そのインドにイギリスは綿織物を輸出することで、インドから銀を手に入れるという三カ国間の貿易によってイギリスは銀の流出を抑えることができた。これが三角貿易です。このために中国にはアヘン中毒者があふれて苦しんだ。それで清朝はアヘンを焼き払ったりしたことで、イギリスとアヘン戦争になりました。

あるいは、アフリカで奴隷狩りをしていた国から奴隷を買い取ってアメリカに黒人奴隷を送りこんだ。これもイギリスとアメリカの典型的な三角貿易になっていました。今度は、日本がその三角貿易のシステムに組み入れられるかもしれないのです。白人がたくらんでいる武器売買のために、日本がその三角貿易の一翼を担わされる。

最近、古森義久氏が書いた記事を読んでびっくりしました。戦争研究所というところがあって、キンブリー・ケーガンがその研究所の所長です。ネオコンの主導者として高名なロバート・ケーガンと縁戚のようです。

高山　ロバート・ケーガンは『ナショナル・インタレスト』という雑誌を中心に活動しているネオコンの指導的人物で、ノーマン・ポドレッツから始まるネオコンの系譜につながる極めて重要な存在です。ロバート・ケーガンの妻が、国務次官のヴィクトリア・ヌーランドです。

モーガン　ヴィクトリア・ヌーランドは二〇一四年にウクライナで親露派政権を転覆させたマイダン革命を主導した人物で、今回のウクライナ戦争の首謀者の一人とも言われる女性です。ヌーランドは、二〇二四年に国務省内部の闘争で負けて辞任したようですが、ケーガン家の人々はいわば「がん」みたいな存在で、いくら殺しても、ケーガンという精神はなかなかつぶせない。

高山　確かロバート・ケーガンは、ハドソン研究所のケネス・ワインスタイン日本部長とも仲がいいですね。

モーガン　そうです。ハドソン研究所もそうですが、南部から見れば、みんなヤンキー・テロリストです。

私が問題だと思うのは、古森義久氏が、そのケーガン家につながる、キンブリー・

ケーガンにインタビューしたことです。戦争研究所は武器を製造している会社が支援しているわけです。ということは、古森義久氏が知っているか、意識しているかどうかはわかりませんが、ネオリベによって発展した武器売買ビジネスに日本を巻き込もうとしているのが戦争研究所だということです。台湾有事とか、フィリピンをめぐる戦争などを使ってです。

古森氏はそれを意識していなければ、きちんと調べていないということです。日本と台湾と中国と韓国でも、イランとイラクの戦争と同じようなことができるように、いまアメリカは必死に動いている。

高山　ブリンケンは、第二次トランプ政権が発足する前に、日本から武器を供給させたり、日本のお金を使ってウクライナに援助させたり、台湾海峡で何かあったときには「おまえたちが戦うんだぞ」ということを言い含めに来たわけですね。恐ろしい。

モーガン　そうです。日本のディープステート、ジャパニーズ・ネオコンを私はジェオコンと呼んでいます。日本のジェオコンとアメリカのネオコンがもう手を組んでいるのです。

高山　日本にそんなジェオコンがいるのか、イメージがわきませんが……

モーガン　古森氏は産経新聞出身ですが、彼は完全にジェオコンだと思います。いまでは産経新聞自体がそうなっている。アメリカの企み、白人のやり方を理解していないように見えます。

高山　先に話した「訴訟亡国米国」の連載を始めたら、アメリカの悪口を書くのかと言って、いの一番に文句言ってきたのが古森氏でした。日本大使館からは、「アメリカから追放されるぞ」とまで言われましたが。

その後、古森氏は中国総局に行って、中国の権力構造を見ているので、アメリカ民主党とか、いわゆるネオコンとかの腹黒さを書くようになった。彼もアメリカ民主党と共和党の違いがやっとわかって、アメリカは一つではないということを理解したように見えました。

彼が中国から戻ってきたときに、「中国へ行ってよく世界が見えるようになっただろう」と言ったら苦笑いしていました。それからは、アメリカがすべて正しい、という一〇〇パーセント米国礼賛はなくなった。とくにトランプ問題ではずっと民主党のあくどい手口を書いていた。ただ、最近はちょっと筆先が弱まってきた感じがする。

アメリカほど人を騙すのがうまい国はない

高山　もともと普通の日本人は、アメリカには黒人もいればヒスパニックもいるけれど、アメリカは一枚岩で政治を動かしているのは白人たちだと思っている。でも、その白人はどう歴史を見ても決して育ちはよくない。ところが、育ちが悪いせいなのか、人をたらし込むのにきわめて長けている。アメリカをあこがれさせたりするのが、ものすごくうまい。

モーガン　おっしゃるとおりで、アメリカは人を騙すのが上手です。

高山　山本五十六はアメリカに七年いた。私はアメリカに三年しかいませんでしたが、その短い間だけでも驚くようなことが、けっこうありました。考えてみれば、アメリカは日本からずいぶん略奪したけれど、アメリカは日本に対していいことは一つもやってない。

モーガン　そのとおりです。

高山　山本五十六はアメリカに大使館付きの武官で駐在したり、留学も含めて七年もいた。五十六は、アメリカの戦争のやり口はよく知っていたはずです。

アメリカは、わざと「アラモの砦」にこもった米国人二五〇人を故意に見捨てた。全員が殺されると、「メキシコはひどいことをした」「リメンバー・アラモ」と言って攻め込み、メキシコからテキサスを奪いとった。

一八九八年の米西戦争のときには、メイン号を自沈させておいて、「リメンバー・メイン」と言ってスペインを戦争に引きずり込んだ。要するに自分の身内を殺させて、あるいは死なせてそれを口実に戦争を始めるというのが、アメリカが戦争を仕掛けるときの常套手段です。

そういうアメリカ人のずるさを知っていれば真珠湾攻撃の前の一九四〇年五月に、フランクリン・デラノ・ルーズベルト（ＦＤＲ）はサンディエゴにあった太平洋艦隊をハワイに持っていった。ジェームズ・リチャードソン提督はハワイに太平洋艦隊を置いてどうするのかと反対した。なぜなら、孤立無援の太平洋のただ中に置くのは「太平洋艦隊を攻めてください」というようなものだからです。リチャードソンが「おとりじゃないか」と言ったら、ＦＤＲはすぐにクビにしてしまった。

アメリカのそういうズルさを知っていれば真珠湾は罠とすぐ察知する。ところが山本五十六はアメリカ人をすっかり信用して罠だとは思ってもいなかった。結果はアラモ以上にアメリカの戦意に火をつけてしまった。

山本五十六はそれがわかっていて、わざわざ日本を戦争に引きずり込んだと疑いたくなるほどですが、そうではないとしても、ハワイに結集したアメリカ太平洋艦隊を徹底的に粉砕すれば、彼らは戦意を完全に失うだろう、と予想したのはアメリカという国を知らなすぎる。彼らは戦争が大好きで、国をまとめるには戦争しかないと思っている。つまり、五十六はアメリカ人を読み違えていたことは確かです。

だから、真珠湾攻撃をやった。アメリカ側はハワイの日本領事館にも全部隠しマイクを置いて盗聴し、暗号はとっくに解いて、日本が攻めてくるとわかったところで真珠湾にいた空母部隊を全部出航させていて、パールハーバーに空母は一隻もいなかった。空母の不在を知ったときに初めて五十六は気がついたんじゃないか。

モーガン　真珠湾から半年後のミッドウェー作戦も山本五十六でしたね。周りはみな反対なのに、「この作戦をやらせてくれなければ自分は辞任する」とまで言ってミッドウェー作戦を実行した。山本五十六自身が搭乗した戦艦大和を旗艦とする連合艦隊は、ミッドウェー島のはるか後方にいて、無線もほとんど届かない距離です。もちろん無線は封止しているから届くわけがないわけですが、それでは連合艦隊はミッドウェー作戦に参加できずなんの役にも立ちません。なんで戦艦大和が行ったのか理由がわかりません。

髙山　ミッドウェー作戦は、第一航空艦隊司令長官の南雲忠一の責任でしょう。ミッドウェーで日本軍の空母を撃沈させた米急降下爆撃隊の隊員が二〇一四年まで生きていて、その葬儀でハドソン川のほとりにメモリアル（記念碑）を立てたという記事が『ニューヨークタイムズ』に載っていました。

そのアメリカ人パイロットの話によると、最初に雷撃機隊が日本空母艦隊を攻撃したが、ゼロ戦にばたばたと二〇〇機ぐらいが撃墜されてほぼ全滅した。

そこへ燃料切れ寸前の急降下爆撃隊が到着します。ゼロ戦は下の空域にいる雷撃機隊攻撃に行っていて、空母部隊の上空を警戒するゼロ戦が一機もいなかった。だからやりたい放題で日本軍の空母部隊が最初の五分間で三隻もやられてしまった。

要するに戦争というのは、本当に時の運みたいなものです。燃料切れで帰投しようかと思っていたときに、雲が晴れて日本艦隊が真下に見えた。しかも護衛のゼロ戦がどこにもいなかった。下の空域で雷撃隊を攻撃していたという、ありえない僥倖《ぎょうこう》があったとその急降下爆撃隊のパイロットが書いている。そういうことは、日本の記録にはどこを見ても出てこない。

南雲がばかだった、五十六が愚かだと言うのは簡単だけど、戦争というのは、そういうものではなくて、一瞬の幸運や奇跡のような何かが働く。だから、そう落ち込むことはない（笑）。

先の大戦をトータルで観れば、日本軍は白人が神様だったという時代を終わらせた。アーノルド・トインビーも同じことを言ってますが、それだけで日本のあの戦争は意味があったと私は思います。

アヘンに侵されなかったのは日本だけ

髙山　少し時代はさかのぼりますが、アメリカのラッセル商会という会社が、そうとうあくどいビジネスをやっていました。アメリカに奴隷を入れたり、中国の苦力《クーリー》を買い入れたり、アヘンを中国に売り込んだりした。そのスタッフの一人がトーマス・グラバーです。阿片屋の彼は長崎に来て長州や薩摩に武器を売りましたが、アヘンは持ち込まなかった。ビジネスにならなかったということのようですが、中国や他の国ならば、アヘンを大量に売りつけていたと思う。

モーガン　中国のアヘン中毒はひどかったけれど、日本だけはアヘンに侵されなかった。

髙山　清朝は満洲人の王朝でした。清王朝はアヘンを禁止して、見つけ次第焼いていた。ところが、中国人、つまり漢民族はアヘンが好きでアヘン商売もやった。が、清朝が禁止すると香港の沖にある霊丁島に行って英国人から直に買い付けをしてアヘンをどんどん流してくる。中国人はだらしないから、アヘン中毒の人口が急速に増えていった。最後のほうは中国の秘密結社として有名な青幇《チンパン》、紅幇《ホンパン》がビジネスとしてアヘン栽培から販売までを全部仕切るようになった。青幇の杜月笙《とげつしょう》が大親分だったけれど、彼と蔣介石は義兄弟の盃を交わしている。蔣介石自身が青幇の一員でもあり、彼はアヘン貿易で勢力を拡大した男です。その蔣介石をまるで中国の代表のように仕立てたのがアメリカだった。そういう歴史の暗部は中国人に遠慮して、日本人は出さない。それをいいことに、習近平は「アヘン戦争は国恥だ」などとのたまう。おまえらが満洲人の言うことも聞かずに勝手にそうしただけのことなのに。

アメリカは中国人を排除しておきながら中国に介入した

高山　アメリカは一八八二年に「中国人排斥法」で中国人の入国を禁止しました。その摘要期間は一〇年でしたが、その後「ケアリー法」によってさらに強化され、一九〇二年には、永久に中国人の入国が禁止された。日本に対する「排日移民法」よりははるか前のことでした。「中国人排斥法」が廃止されるのは、一九四三年のことです。

モーガン　大陸横断鉄道の建設のために、中国人苦力を大量に入れた。そのためにアメリカ人が大量に失業するという弊害が出てきたからですね。

高山　それだけ中国人を排除しておきながら、アメリカは一九一二年の辛亥革命から以後、一九二〇年の前くらいになると、中国大陸に介入するようになります。

当時は広東に孫文、蔣介石がいて、中央の北京には袁世凱が死んだ後には、馮国璋《ふうこくしょう》がいた。満洲には張作霖もいた。中国は分裂して軍閥が割拠して内戦状態でした。ほとんど国の体をなしていないのに、アメリカは第一次大戦後のパリ講和会議のころには、広東と北京の代表と称して米国の留学生で英語ができる顧維均ら中国人に日本批判をさせたりした。中国はどこに政府があるのかわからない状態なのにそんなことをさせている。

日本もきちんと抗議ができなかったので、米国に押し切られた。米国の代弁をさせて日本を排撃して、それはやがてスティムソン・ドクトリンになって、「すべては中国のものだ。蔣介石のものだ」と言い出した。雑誌の『TIME』は中国の正式な統治者として、蔣介石の記事を一一回も表紙に取り上げています。

モーガン　『TIME』の社主だったヘンリー・ルースは親中派でしたから。

髙山　親中派というレベルではなくて、明らかに米国の国策です。一九一四年ぐらいからウッドロウ・ウィルソンのもとでコミッティー・オブ・パブリック・インフォメーション（CPI）という組織が動き出した。新聞の代表も参加して、第一次世界大戦へのアメリカ参戦を決定づけるべく二年前に起きたルシタニア号の遭難を大々的に報道させたりした。このCPIの活動は絶対表に出てこない。

一九一七年に米国が第一次世界大戦に参戦したときに、CPIの役目は終わったはずなのに、対日部門だけは残されて、上海をベースに対日工作をやる。もちろん米国の公使とか外交関係者も含めて五・四運動や反日運動を主導していく。

モーガン　パリ講和会議で、ウッドロウ・ウィルソンが民族自決を言い出したものだから、本当の狙いは東ヨーロッパで内乱状態を起こそうとしたものがアジアに飛び火して、まず朝鮮で三・一運動が起きて、その後、中国で五・四運動になった。いずれにせよ、「民族自決」という考え方は、その後の世界を破滅させる巨大な爆弾を投げ込んだような効果があった。

髙山　朝鮮の三・一運動でも五〇〇人くらい死んだと言われるけれど、インドでは一遍に何千人も殺されている。ウィルソン自身は、人種差別主義者だった。大統領になったときは、ワシントンD.C.の役所にいる黒人を全部、ワシントンD.C.の外に追い出した。第一次大戦後から第二次大戦に至る過程で、ウィルソン大統領の罪は大きい。アメリカの最悪の大統領の一人です。

なぜ日本はアメリカの奸計を見抜けなかったのか

髙山　結局、アメリカは、カイロ会談で蔣介石を呼んだ一九四三年になって中国人排斥法をやっと、解除している。「おまえら中国人は入れない」と言っておきながら、日本が出てくるとそれを叩く駒として急に持ち上げて、女房の宋美齢に連邦議会で演説までさせている。そして日本が負け、用が済むと放り出して、その後は毛沢東に好きにやらせる。

おまけにアチソン・ラインなどと言い出して、朝鮮戦争を誘発してしまう。マッカーサーが朝鮮戦争を戦っていて、中国の義勇軍が人海戦術で入ってきて、劣勢になったら、ハリー・トルーマンに対して二八発の核を落とせ、とマッカーサーが要請した。日本は二発で十分だった――十分ではないと言うやつもいるけれど――中国は、国境が長いから二八発必要ということだったが、トルーマンは拒否した。というのは中国市場はアメリカのものだという意識があるから、原爆を二八発も落として恨まれても困るという思惑があったわけで、トルーマンは、逆にマッカーサーを解任した。

モーガン　アメリカは、中国を太らせてから食うつもりだったんじゃないですか。そのつもりでいたのに、日本が横から入ってきた。日露戦争でも勝ってしまった。あの当時、日本艦隊は世界最強の艦隊で、アメリカ艦隊でも勝てない。それでテオドア・ルーズベルトは一九〇七年に世界一周と称してホワイト・フリートを派遣して日本に脅しをかけたりしています。

髙山　テオドア・ルーズベルトとアルフレッド・マハンの往復書簡を読んだことがありますが、日露戦争の和平を仲介したルーズベルトと『海上権力史論』で有名なマハンの二人は、手紙のやりとりのなかで、日本とドイツは注意しなければいけないと何度も書いています。中国に対する利権に対して日本は邪魔者だという意識があったんじゃないでしょうか。

考えてみれば、日本と中国はまさに皮膚の色も見かけも同じだし、同文の文化も持つ。そういうところに白人が割って入って分裂させた。おそらくインディアンを共食いさせたのと同じ手法だろうけど、その意図をなぜ日本側は見抜こうとしなかったのか。なぜ彼らが介入してくるのか、という問題意識をもたなかったのか。

モーガン　そこが日本の弱さかもしれません。インディアン戦争と同じで、日本の軍人たちは分裂していた軍閥についていたので、軍閥の利益の代弁者のような存在になってしまっていた。日本の国家戦略という大きな視点で、中国とどう向き合うのかという見方ができなかった。そこが問題です。

髙山　そういう部分を日本人は全部読み落としている。漢民族とそれを統治していた満洲民族という関係を理解できていなかった。

清朝が崩壊したとき、皇帝だった溥儀に北京の紫禁城に居住していていいと約束する。しかし、そういう優遇は、チベットもモンゴルも満洲も全部、中国が取れるめどが立つまで囲い込むという実に邪《よこしま》な意図があった。中国人は利用するだけ利用して一九二四年に溥儀をたたき出す。

そのあと、溥儀の面倒を見たのは日本だった。日本としてはこのまま彼を皇帝にしておくべきだとすら考えていた。満洲国ができると、彼を皇帝として迎え入れるおぜん立てをした。滅んでしまった王朝を日本はちゃんと面倒を見ようとした。普通なら野垂れ死にです。そういう日本人の心情は、中国人とは全然違う。中国人は全部使い捨てだし、アメリカも同様だった。

アメリカは中国人（漢民族）がどんなめちゃくちゃな民族だということ、むしろアメリカ人によく似ていることを知っていてうまく手懐《てなず》けてしまった。有名な『大地』を書いたパール・バックも、じつは完全にＣＰＩに使われていました。

一九三二年にピューリッツァー賞を受賞。その後一九三八年にはノーベル文学賞まであげた。彼女の本を使って、素朴な中国人を世界に刷り込ませ、逆に日本はとても悪いという印象操作をやったわけです。アメリカは本当に宣伝がうまい。パール・バック本人は、一九三四年にアメリカに帰ったけれど、それから死ぬまで日本には来ても、中国には一度も行きませんでした。第一次南京事件で殺されかけてもいるし、決して中国人を好いてはいなかった。

アメリカ人で一人だけ、「中国人なんか冗談じゃない」とハッキリ言ったのがアーネスト・ヘミングウェイです。彼は日中戦争中に例の米国広報委員会（ＣＰＩ）の世話で蔣介石に会っている。当時結婚していたマーサ・ゲルホーンという奥さんと一緒に会って、蔣介石を心の底から嫌った。米国政府からいくら要請されても、蔣介石夫婦を持ち上げることはしなかった。そのことをマーサ・ゲルホーンが別のところで書いています。彼女とは、その後すぐに離婚しますが、それはヘミングウェイがすべて悪かったのですが。

中国人とヤンキーはどちらも虐殺が特徴

モーガン　私には中国問題がどうもすっきりしないのですが、どうもそれは中国がワシントンに近いからだと思います。

高山　ワシントンというのは、ジョージ・ワシントンのことですか（笑）。

モーガン　もちろん米国のワシントンです。アメリカ政治の中心が考えていることと中国人が考えていることはぴったり合います。狡猾だし、考え方はほぼ同じで、やっていることも一緒です。

高山　マナーも同じで、なぜかアメリカ人も中国人も声がでかい。日本の料亭なんかで大きな声が聞こえたら、だいたい米国人か中国人だ。なんでもっと小さい声でしゃべれないのか。

モーガン　南部からすれば、ヤンキーはマナーがなっていない。育ちが悪いとおっしゃいましたが、そのとおりです。狼に育てられたみたいな、おまえのお母さんはチンパンジーかと思うくらいのマナーです。

南部はまったく違います。南部はアメリカではなくて、私たちは西アフリカとかカリブ海とか、そのような文明のあるところだと思っています。だから、ピューリタンたちとはまったく関係がないという意味で、あえて「ワシントン」と言っているんです。

優生学的に考えれば、北部のワシントンの人々と中国の人々は、大衆はコントロールすべきものだと考えている。優生学が存在していなくても、そもそも人の命はどうでもいい、いくら虐殺しても仕方がないという考え方をします。

高山　それも中国とまったく同じですね。

モーガン　なぜ中国もアメリカも、日本が気に入らないのか。私の考えでは、それはやはり道徳問題になる。日本人は戦争はやっても、あくまでも軍隊同士で、民間人の虐殺など絶対しない。日本の戦国時代も、私が知っている戦争とはかなり違います。

高山　日本の戦国時代で殺された人は、すごく少ない。日本の城の構造を見ればわかります。ヨーロッパや中国などと違って町の周囲に城壁がない。なぜ城壁をつくらないのかと言えば、戦闘員の武士ではない普通の民衆の家は攻撃しないからです。城に籠城する人たちは一部いるけれど、一般民衆は無視して城だけを攻める。だから、虐殺なんて起こるはずがないんです。

日本人は本当に人を殺さない民族

高山　南北戦争では一八六一年から六五年までの四年間で七〇万人死んでいる。しかし、そこにインディアンの死者の数は入っていない。フランス革命でも七〇万人死んでいる。日本の明治維新で死んだのは八八〇〇人くらいで、一万人もいかない。革命にしては犠牲者がきわめて少ない。

会津で多数の犠牲者が出たのは特異的でしたが、日本は本当に殺し合いをしない。最初の衝突である蛤御門の変のときに、京都の町を焼いた。それで民間被害があまりにも大きくて、勝海舟と西郷隆盛が江戸を火の海から守ろうとなった。庶民の被害を抑えようということを優先するわけです。だから、天下分け目の決戦だった関ヶ原の戦いにしても稲刈りが終わってからやっている。日本の戦いは稲刈りがまず大事で、自然にそういう選択をしてきた。絶対に虐殺なんかしない。農民を殺したら自分たちが飯の食いあげになってしまう。

だから、日本には切腹がある。切腹は決して残酷なことではない。大将一人が腹を切れば、他はみんなお許しが出る。一人だけが責任を取れば、多くの人間の命を助けるという人道的な行為なんです。

備中高松城は豊臣秀吉が水攻めして、そのときは高松城主が舟を出して腹を切る。その介錯を見届けると、その後は略奪も婦女子の暴行もいっさいなしで、秀吉は大急ぎで明智光秀を討ちに出かけるわけです。

モーガン　日本の戦国時代は本当に平和的でした。アメリカやヨーロッパ、中国の残酷さとはまったく違う。

中国は最近になってようやくやめましたが、ずっと一人っ子政策（一九七九年〜二〇一四年）をやっていた。それはアメリカとヨーロッパがつくった優生学がベースになっている。中国はその精神をくんで一人っ子政策を実施した。要するに、中国とアメリカとヨーロッパは同じで、大衆は必要があれば虐殺したり、遺伝的にコントロールしようとする対象にされるのです。

つまり、どうせ殺すのだから、その言葉など調べない。その民族を知らなくてもいい。ルース・ベネディクトのようないわゆる人類学者は、神のような存在として、他民族の社会に下りてきて、山の上から観察していただけです。

髙山　人類学（アンソロポロジー）という学問というのは、そういうものですね。人類学も大きく言えば優生学の一部と言ってもいい。でも、いま人類学は流行らなくなって、どこかへ行ってしまった。人類学はなくなった。

モーガン　なぜかというと、人類学は、ネクタイを締めて未開の地に出かけてメモを取る。それは虐殺の下準備にすぎないということが恥ずかしくなったからです。

日本が中国のために品種改良した麦をアメリカが盗んだ

モーガン　戦前の玄洋社の中心人物で大アジア主義者の頭山満はアジアを愛していた。アジアを愛して解放するのが日本人の役割でした。当時の中国は辛亥革命後の混乱期にあった。日本人は、中国人に文明を教えた。それが日本人だと思います。

髙山　戦前から戦中にかけて、日本の稲塚権次郎が農林一〇号というのを出した。中国の麦は背が高いが、日本の麦は矮性と言って背が低い。それは矮性で倒れにくくて、しかも種が多く取れる。この農林一〇号に近いものを中国でつくってやろうというので、中国の研究所でずっとそういう研究をしていた。終戦になっても、ずっと抑留されて研究の続きをさせられてから、日本に戻ってきた。日本は中国のために麦の品種改良までやってきたんです。

それを米国人のノーマン・ボーローグというのが稲塚の農林一〇号を米国に持っていって、米国で育てメキシコやインドなどで小麦収穫を増やした。それが「緑の革命」

と賞讃されてノーベル平和賞をもらった。もともとの種は日本人のものです。よく平気で盗んでノーベル平和賞なんてもらえるものだと思います。

モーガン　アメリカ白人は、そういう民族ですよ。ワシントンは平気で人のアイデアを盗む。

高山　日中国交回復してからも日本人は政府、民間ふくめて植林運動をやって、森をたくさんつくってあげている。あんまりたくさん黄砂が飛んでくるから、それを防ぐ意味もあると思うけど（笑）。

日本人が素晴らしすぎるから中国やアメリカに妬まれる

モーガン　だから、日本は中国に嫌われるし、アメリカにも嫌われてしまう。日本という国は人のために動くからです。アジア解放もそうですし、農業協力もそうですが、他人を助けるようなことばかりやっている。

最近、『世紀の遺書』（一九五三年。ハート出版が復刻版を二〇二四年刊行）という本を読みました。敗戦後に戦犯として刑死や獄死した人々の遺書を編纂した遺稿集です。中国大陸にいて戦犯になった人たちは、「自分たちは中国人を救うために行った」と、多くの人が書いていています。刑死する直前であっても、中国のためだったと言って、中国人の悪口を言う人はほぼいない。

中国とアメリカからすれば、隣人のために仁義を尽くす日本のような国はありえなすぎる。自分たちには理解ができない。それは気がとがめるというか、「アメリカ人のやり方はこうですよ。日本に攻めているのは、おまえたちが悪いことをやったからだ」と主張する。言い換えれば、俺たちは悪いことをやったということの責任転嫁です。日本人である「おまえたち」のせいにして、自分たちがやった罪を隠すようなことを何回もやっている。

慰安婦問題もそうです。ふたを開けてみれば、自分たちが性奴隷をやっている。そういうことばかりです。つまり、日本がよすぎることが問題なんです。

高山　一〇〇人斬りをやったと言われて処刑された向井敏明少尉と野田毅少尉は南京の近くの処刑場で銃殺されたけれど、その最期の言葉が、「日本と中国の友好のために」だった。恨み言は一つもなかった。戦争で殺すのはあたりまえです。でも、あれははめられたのであって、おもしろ半分で斬ったこともないし、殺した事実もないのに。

モーガン　中国のためだという気持ちが当時の日本人に強くあったわけですね。

高山　自分の命を日中の友好のために捧げると言って亡くなった。本当ははめられて有罪にされたのに文句ひとつ言わなかった。

モーガン　それが日本人です。それをおもしろくないと思っているのが中国人とアメリカ人です。人のために尽くすなんて、おかしいと、中国人もワシントンも思う。私がたどり着いた結論はそうです。

地政学的に考えてもそうですけれど、最も大きい最も基本的な問題は、やはり日本人は道徳的な人が多くて、それがいやだった。自分の気がとがめるからです。

「三方よし」という考え方は中国には生まれなかった

高山　もともと日本はご存知のように天変地異の国で、常に地震があって津波もある。火山は噴火するし、台風も毎年やってきて自然災害が多い国です。

例えば河川にしてもいまはだいぶ堤防が整備されていますが、かつて利根川も、最上川も、瀬替えと言って洪水を起こさないように大名が工事をやって氾濫しないよう流れを変えてきた。暴れ川だった利根川は、もともと東京湾に入っていて洪水被害を出していたのを、流れを変えて銚子のほうに出すようにして、ついでにあの辺を美田にしていった。要するに常に自然と闘ってきたのが日本という国です。

こうした天変地異の国である日本では、個人主義では生きていけない。みんなお互いが協力し合わないと命がつなげない。お互いのために働くのはあたりまえだった。戦争になったときもまったく同じです。そういう助け合い意識がもともと日本人にはある。

だから、隋の煬帝が黄河から長江まで続く大運河をつくった。当時としてはたいへんな大工事でしたが、びっくりするのは運河をつくるためなら人をいくら殺してもいいというやり方です。中国人は、自然を征服するのが人間だと思っている。日本人は自然なんか絶対に征服できないと思っている。

例えば伊勢神宮です。伊勢神宮は自然のままで、その自然のなかにひっそりと神宮がたたずんでいる。韓国出身の呉善花さんは、「神社が怖い」と思ったといいます。木が鬱蒼としていて、人間の存在がうんとちっぽけになるから、それがすごく怖いと思うらしい。

Ｇ７の伊勢志摩サミットのときに、安倍晋三首相が、オバマ大統領やドイツのアンゲラ・メルケル首相たちを伊勢神宮に連れて行った。そうしたら、自然そのままの中にひっそりと神殿が立っている。あくまで自然が主役です。各国首脳たちは、その自然のすごさに圧倒されて、恐怖とまでは言わないけれど、味わったことのない静寂に畏怖の念をいだいたようです。

モーガン　中国に行って、山に登ると山を削って大きく標語などが書かれていたりする。ロサンゼルスの山に「ＨＯＬＬＹＷＯＯＤ」という看板を立てたアメリカ人からすると、「なるほど」と納得できる。それと同じような感覚です。

私は、近江商人について少し研究していて、論文を書いたことあります。テーマは、「三方よし」でした。この「三方よし」という考え方はどこから来ているのか。近江商人にはやはり仏教の影響があるようです。でも、中国だって仏教の影響を受けている。ところが、「三方よし」という思想は中国では生まれなかった。彼らは、なにより「一方よし」です。

考えてみれば、仏教よりも深い話のような気がします。調べてみると、神道よりも古い考え方で、縄文的なものを残している。それが日本人という民族です。

髙山　神道といっても、どこにも聖典はない。テキストもなければ何もないのが日本の神道です。

モーガン　私が最近考えているのは、日本は心ワールドだということです。人の心がすべて。自分の心と他人《ひと》の心があって、それが基盤になっていて、すべてがそこから始まる。

先日、馬渕睦夫先生と対談をしました。私がコロナウイルスの原因をつくったと思われるＮＩＨ（アメリカ国立衛生研究所）のアンソニー・ファウチをまず死刑にすべきだとさんざん過激な発言をしました。

ところが、馬渕先生は、「ファウチは九九％はだめかもしれないけれど、一％はまだ反省はできる。だから許しましょう。水に流しましょう」というふうにおっしゃった。この発言には驚きました。

正直なところ、私の考えではファウチは人間失格です。彼は二五〇〇万人もの人を殺したのだから、まず死刑にしてもらう。反省などしなくていいから、早く死んでくれ、と言いたい。ところが、馬渕先生は「水に流す」と言った。それは憎むべき相手にも心があると考える日本人だから言えることです。

高山　中国人が日本人を理解できないという、その根底にあるのは、日本人は忘れっぽいということもありそうです。しばらく時間がたてば日本人はみんな忘れてしまう。美徳として忘れるのではなくて、かまっていられないという感覚に近い。だから恨みが残らない。

韓国人の朴槿恵が韓国の大統領になったときに、「日本を千年恨む」と言ったけれど、千年も恨むような人間がどこにいるのか。恨むことが朝鮮人の生きるエネルギーになっているようです。韓国は歴史的に中国やモンゴルなど大陸の大国にやられてきたものだから、恨まないことには自分たちのアイデンティティーが保てなくなってしまった。ところが、日本人は本当に忘れてしまう。原爆を落とされたことは覚えておくべきだろうに、いまは日米友好で一番重要なパートナーだと言っている。では、日本はどうするのかといったときに、米国は絶対に日本に核を持たせない。

モーガン　トランプが大統領に再任されて、事情が変わってきている。少し可能性が出てきているように思います。

アメリカは日本の核武装を世界で一番恐れている

高山　核を保有しない国は、国際政治の主役になれません。国際政治は、大国間政治であり、核のない国は大国としては扱ってくれない。このことは国際社会における明確な事実なのに、日本人はだれもそのことを言わない。憲法を変えることと核保有の二つなしには、日本はこれから一〇〇年、繁栄を維持できるかどうかわからないという瀬戸際まで来ているはずなのに、だれも知らんぷりしている。

モーガン　最近は気づいていると思いますよ。でも、復讐しようと言っているのは私ぐらいです。私は講演会の舞台に上がって、「復讐しましょう」と言うと、日本人の聴衆は必ず笑うんです。その経験が何度もあります。だから、私は怒るんです。「復讐というのは冗談ではありません。あなたたちの先祖はジェノサイドされたんですよ。それを覚えていないんですか。その事実を無視してアメリカが素晴らしいというのは、おかしいじゃないですか」と言うと、日本人の聴衆たちは、戸惑うばかりで話が通じない。

高山　日本人は基本が性善説になっている。さきほども話に出たように、どんな人間にも必ずどこかいいところがあって、お互いに協力し合える部分が絶対ある、と信じている。つまり、他人への信頼が先にあって、言葉がなくても心と心は通じ合うんだと思っている。

ところが、あなた方の国は、他人はわけのわからない怪物で、言葉で説得しなければ絶対にわからないと思っている。だから、自分たちの意思を通すために、主張するし、宣伝をする。「ラス・カサスはインディオを大虐殺した」「日本のモンキーは従軍慰安婦に性被害を与えた」などと、非難する。コミュニケーションのやり方が基本的に違いすぎて、日本人には、彼らがなぜそんなバカげたことを言うのか理解できない。

モーガン　そこが日本人の歯がゆいところです。私は南部の人間で、ワシントンのヤンキーにやられた人間です。だからワシントンが燃え上がれば、私はもっと燃えろと踊り出します。

でも、南北戦争のときには原爆は存在しなかったけれど、もしそのときヤンキーが原爆をもっていれば使ったでしょう。でもそれは仮定の話です。日本は実際に原爆を落とされて、二〇万人以上の人が殺された。それなのに復讐する心を失っている。

アメリカに占領されて、戦後八〇年間ずっと支配されて、搾取までされてきたのに、「復讐しましょう」と言ったら、日本ではそれで話が終わってしまう。「復讐には興味ない」と言われてしまう。この国はどうなっているのかと本当に残念です。

高山　アメリカ白人は、インディアンを殲滅し、黒人奴隷に鞭打ったことを覚えているから、いまだに銃を手放せません。銃の保有を権利とする憲法修正二条と同じ心理です。アメリカは原爆を二発も日本に落としたことを、忘れていない。もし日本が核を保有すれば、必ず日本人はその原爆二発分の報復をする、と思っているはずです。

モーガン　そう思っているでしょうね。

高山　いま日本は核を米国に落とすのを留保しているという考えです。だから、日本人に核を持たせてはいけないとしか考えていない。

モーガン　日本にある米軍基地は、日本を守っているのではなくて、日本人を監視しているわけです。いわゆる「瓶のふた論」ですね。

高山　亡くなった中川昭一氏が「核武装について議論だけでもしたほうがいい」と問題を提起しただけなのに、当時ブッシュ政権の大統領補佐官だったコンドリーサ・ライスが慌てて日本に飛んできて、「アメリカの拡大抑止が効いているのだから、そんなことは考えないでくれ」と説得しに来ました。

モーガン　奴隷に対しては、字の読み方を教えてやらないのと同じで、日本人に対して核武装化をさせないとアメリカは考えている。「だから、米軍基地にこっそり入って、Ｂ61戦術核爆弾を自分のものにして、米軍基地のアメリカ兵をみんな国から追い出せば、天下を取れる」といつも私は言っています。私のこういう発言に、日本人は「そんなことができるのか」と驚いてしまいます。でも実際に、私たち南部人は南北戦争後も一二年ぐらい戦ったのです。その結果、南部を占領していたヤンキーたちを追い出したのです。

高山　南部諸州は、完全に北軍の支配下にあって、要するに占領地だったんですね。

モーガン　占領地で、戒厳令下にあったようなものです。私たち南部の人間は森の中のタリバンです。テロのやり方はよくわかっている。だから、ヤンキーたちは音を上げて帰ってくれた。

高山　そういう小競り合いやゲリラ行為は、どういう人たちがやっていたわけですか。

モーガン　フィリピンで戦った小野田寛郎少尉のように、「戦争はまだ終わっていない」という考え方で、降伏しても納得できずに北軍を追い出すために活動していました。

髙山　サボタージュ行為もあったようですね。北軍が辟易するほどやられて、それで出ていった。

モーガン　たぶんこの土地はいくらやっても統治できないと思って、南部は面倒くさすぎる、と思ったんでしょうね。

髙山　戦後、沖縄は米国に占領統治されました。トルーマン大統領は、沖縄を永久に米国領にするとまで言っていた。しかし、沖縄の人たちは、「米国人になれる」と言われてもちっとも喜ばなかった。あくまで、「自分たちは日本人だ」と言い張りました。

アメリカは、沖縄に多くの資金を注ぎ込んで経済改革から何から全部やってハワイより住みやすい素敵なアメリカの島にしてあげる。医療、医薬品も最新のものを入れた。そしたら、ペニシリンから抗生物質に至るまで最新の薬剤は全部、日本に流れてしまった。

米軍が土地計画で広い道路をつくってやると言っても、「どうせ滑走路にするつもりだろう」と言って抵抗した。それで有名なポール・キャラウェイという高等弁務官は、頭に来て、「沖縄の自治なんていうのは神話だ」と言った。だから、沖縄の統治はできないというので、人だけ返す、いわゆる施政権返還になった。

モーガン　南部と同じです。沖縄と同じく、「おまえたちは面倒くさいから」と民だけを返した。

これもポイントですが、私たち南部はいまもルイジアナからミシシッピぐらいが一番貧しい州です。プエルトリコも同じです。日本の失われた三〇年間とわれわれの失われた一七〇年間は同じです。

先ほど髙山先生がおっしゃったことはおもしろいと思います。いまカリフォルニアは貧しくなりましたが、当時は裕福だった。米国という帝国が全世界の富を搾取して吸い込んできた。ただ、いまは階級構造が変わってしまって、一％のトップ階層は非常に裕福ですが、そうでない九九％の人は富を失ってどんどん貧しくなっている。これは非常に皮肉なことですが、結局、私たちは南米のような国になりつつある。トップは非常に裕福でも、ほとんどの人は貧しいのです。

髙山　中南米はそういう国ばかりですよね。一部の大富豪と奴隷みたいな一般の人たちに分かれている。北米が南米化してしまっている。

モーガン　そうなんです。私たち南部がインディアンの後、白人として最初にその過程を味わわされたのです。沖縄もそうですし、日本も失われた三〇年間で米国は日本の経済を弱体化させたじゃないですか。

流出した日本の小判が南北戦争に使われた？

髙山　南北戦争の時代に戻るけれど、北部のアメリカ合衆国エイブラハム・リンカーン大統領は、戦争のための費用をどのように調達したのかに興味があります。徴兵した兵隊には銃を持たせなければならないし、制服も着せなければならない。その軍資金はいったいどこから出たのかと考えてみると、その一つとして幕末に大量に日本の小判が流出したことに思い当たる。

幕末開港時の一八五九年には日本の金銀比価は1：4・65となっていました。一方、諸外国の相場はロンドンで決められていて1：15・3程度であり、三倍以上の大きな差があった。つまり日本の一分銀は本位貨幣である小判の兌換券として通用するという名目貨幣であったわけです。その矛盾をついて、アメリカ領事のタウンゼント・ハリスが、貨幣は同種同量で交換すべきと主張して、メキシコ銀貨一ドルを三分銀に交換可能とすることで、一種の為替差益が三倍にもなって、結果的に日本の金が海外に流出することになってしまった。
　この仕掛けは当時のイギリス領事だったラザフォード・オールコックによるものだという説もありますが、ハリスは、自らもこの取引で利益をあげたことを日記に書いています。

モーガン　為替レートの違いをつかれたのですね。

高山　あっと言う間に流出した日本の金はすごい量で、一〇〇万両でもきかなかったろうと言われるぐらいでした。一〇〇万両といっても、朝鮮通信使の接待費が一回に一〇〇万両ぐらいだったから、日本経済は支えられないことはなかったけれど、現実には、五年たって万延元年に三分の一の価格になった万延小判を出さざるをえなくなる。
　では、その大量に流出した日本の金はいったいどこに行ったのかといえば、南北戦争の北軍の軍資金になったんじゃないかという説があるわけです。北軍が突然戦争をするにしては、輸出しようにも英国という壁があったのに、なぜいきなり最新式の銃をそろえられたのか。二種類の連発銃まで輸入して、馬から何から全部用意して、しかも南軍と戦いながら同時にインディアン戦争もやって、ダコタ族を滅ぼしたりするのも全部その時期です。

モーガン　それは初めて聞く話です。

髙山　この幕末の金貨流出のあと、大恐慌後にいち早く日本の井上準之助蔵相が金本位制度に復帰したために、日本の金が流出した。さらに、いまの日銀の低金利政策で、日本のお金が米国債に大量に流れている。幕末から今日まで、日本の富が奪われる構図が何度も繰り返されてきたことが問題です。

第五章

アメリカなき世界で日本は独立を目指す!

世界で唯一の文明国である日本にキリスト教はいらない

高山　西洋近代五〇〇年はいま極致にまで行き着いています。西洋の論理をつきつめていくと、たとえばアメリカ独立宣言にあって、日本国憲法にも引き継がれている「天賦人権論」をずっと延長すると、あらゆる個人の不平等はあってはならないし、人権は必ず確保されなければいけないし、差別は絶対にいけないという思想に行き着きます。

その延長線上には、いまのＬＧＢＴＱ問題も出てくる。ここまで人権概念が拡大解釈されてしまうと近代国家の存在そのものが根底からあやうくなってきます。近代の国民国家（ネーション・ステート）が解体されて、多様な価値を認め合うようなある種「新しい中世」が生まれるのではないかという人もいます。

モーガン　ＬＧＢＴＱ問題は、思想史の流れで考えると、西洋哲学、西洋思想の一部で、同時に西洋思想を代表する問題です。西洋思想が基本的な問題だと思います。宗教もそうです。

　そもそも日本にキリスト教はいらない。宗教も別にいらない。なぜなら、日本は世界で唯一の文明的な国だからです。ヨーロッパ、とりわけローマは野蛮すぎた。キリスト教が入ったことで、野蛮性をずいぶん抑えてくれた。ところが、一八世紀末から一九世紀初頭のイマニュエル・カントやヘーゲルぐらいの時代になると、キリスト教を否定する方向になってまた野蛮性が湧き出る。西洋近代の優越性を利用して全世界を支配して、非白人を虐殺した。

　これらは、西洋そのものの問題だと思います。西洋の思想が病なんです。これからの日本が復活するためには、西洋抜きで日本という国として再出発すればいいと私は思います。もちろんスマホなど利便性のあるツールは捨てるわけではなくて、西洋思想という病を克服して、新しく日本人として生まれ変わるということです。

髙山　生のままの日本人でいればいいということですね。

日本文化の懐の深さを感じさせるメレディス事件

髙山　一九六二年のメレディス事件で有名ジェームズ・メレディスを覚えていますか。

黒人で高校卒業後、兵役に就いて一〇年近く勤務した。最後の三年間が日本の立川基地でした。兵役を務めると大学入学資格を得られるという制度があって、アメリカに戻って、白人の大学のミシシッピ大学に入学しようとして、何度か入学を拒否された。最後は、死人が出る暴動まで起きた。

モーガン　メレディスは、日本に来て初めて人間扱いしてもらって、日本精神を学ぶことになった。

高山　メレディスは日本に来て日本マインドを学んで、アメリカへ帰って日本精神を実践した。自分の権利をむき出しで主張するのではなく、争いを求めずに、周囲の流れに乗って大学入学を成功させた。日本のよさがよくわかる話ですが、日本文化の懐の深さがこのメレディス事件にも感じられます。

モーガン　馬渕睦夫先生も、芥川龍之介の小説を取り上げてよく説明されます。

高山　芥川龍之介の『神神の微笑』という小説ですね。キリスト教の宣教師オルガンチーノが日本に来て宣教するけれども、うまくいっているようなのに、この国は、言いようのない「霊気」に満ちている。我らが「でうす如来」は、それに打ち勝てるだろうか、不安が募る。最後には、首に勾玉をつけた老人が現れて、「でうすもこの国では最後には負けてしまう」と言われてしまう。天主教は日本の神々に飲み込まれて、日本人に同化されてしまうという話です。

馬渕さんが言いたいのは、日本はすべて同化する。逆を言えば、世界が日本人みたいな包容力を持っていれば、カトリックだ、プロテスタントだ、イスラムだということもなくなる。要するに日本人の精神を学べということだ。それが一つの答えになるのかなという感じがします。

モーガン　まったく同感です。日本は特別な国です。おっしゃったとおり、日本はすべてを同化させる国です。みんな同じで、みんな平等だ。いくらキリスト教が頑張っても、八百万の神がいるから大丈夫で、そんな教えはいらない。私はそれが日本のよさだと思います。

髙山　日本は、拒絶はしないんです。八百万の神の国にキリスト教が入りたいと言ったら「いいですよ。八百万一番目は仏教だから八百万二番目ですよ」と言って入れてやった。すごく包容力がある。

モーガン　じつは私は、ジェームズ・メレディスについて、少し論文を書きました。私が言いたかったのは、いまおっしゃったように、戦前の日本という国は人種差別がなくて、アメリカの黒人が日本に来て初めて人間扱いされるような国だったということです。

W・E・B・デュボイスという人がいて、日本のホテルのフロントで係員さんに話をしようとする。そこへ、白人が前に来て割り込んできた。するとフロントの日本人女性が、その白人を制して、デュボワを先に受け付ける。それでデュボワは「白人より黒人を先に受け付ける日本はすごい国だ」と、びっくりしてしまう。

アメリカ軍が日本に来て初めて自分たちの人種差別意識に気がつく。日本に人種差別がなかったからです。だからアメリカが日本を解放したのではなくて、日本が逆にアメリカの軍隊の一部を解放したんだという主旨の論文を書きました。ところが、六回ぐらい投稿しても、すべて却下されました。アメリカの学術雑誌は固定信念が激しいです。言いたいのは、それがアメリカという国で、そういう論文を却下して、決して反省しないのがアメリカだということです。

アメリカの罪はどこまでも深い

髙山　カジノで有名なラスベガスは、映画『バグジー』（一九九一年）のモデルになった実在のベンジャミン・シーゲルというマフィアが、インディアンの居留地だから米国法の適用外だったのでカジノをつくった。もともと砂漠のど真ん中で人の住めるようなところではなかった。

私は最初の原爆をつくったロスアラモスにも行ったけれど、ちょっと地面を掘ると下は岩塩です。米国人はそこをプエブロ族の居留地にした。しかし原爆をこっそり作るためにこの土地が必要となり、プエブロ族は再度追い出された。ホワイトサンズあたりまで追いやられた。

モーガン　ロスアラモスで最初の原爆実験に成功しますが、最初の被爆者はインディアンやヒスパニック系でした。

髙山　西洋近代五〇〇年の罪は深いね。

モーガン　そうです。それが言いたいことです。

高山　その深い罪業をアメリカ建国の年にしようという「１６１９（シックスティーン・ナインティーン）プロジェクト」を『ニューヨークタイムズ』が主導している。つまり、ジェイムズタウンに初めて奴隷が連れてこられた一六一九年を真のアメリカ合衆国の建国とみなそうという運動です。アメリカの歴史を再構築しようという人種理論による取り組みで、ブラック・ライブズ・マター（ＢＬＭ）運動を思想的に後押ししています。

モーガン　このプロジェクトは、いまの黒人のエリート層が中心で、普通の黒人たちとは何の関係もありません。

高山　初の黒人大統領だったバラク・オバマだって、じつは黒人とは思われていない。単なる超エリートです。

モーガン　そうです。１６１９プロジェクトというのは私からすれば、これまでのアメリカは独立戦争の一七七六年の神話によって生まれた。ところが、１６１９プロジェクトは、もう一つ別の神話をつくろうという話です。しかし、この１６１９プロジェクトはあくまでエリート層同士の争いで、黒人エリートたちが、白人エリートの権益をねらっているだけです。１６１９プロジェクトはあくまで一番上の一％の階層における内戦にすぎません。

１６１９プロジェクトに協力して支持しても、一般の黒人にはなんの利益もない。エリート層の黒人に騙されているだけです。アメリカは、いまブラック、ホワイトの問題ではなくて、エリートとプアーの戦いなんです。上の黒人と上の白人は同じです。同じ罪を犯している。犠牲になっているのは一般国民です。

髙山　本当にアメリカは不思議の国だね。

『ジャパンズ・ホロコースト』の致命的欠陥

モーガン　最近たまたまブライアン・リッグ著の『ジャパンズ・ホロコースト』という本を読みました。日本が大虐殺をやってきたと主張する時代錯誤的な本ですが、藤岡信勝先生が始めた反論プロジェクトに、私も一章を書かせていただきました。

『ジャパンズ・ホロコースト』を読んでいると、これまで何度も出てきた生存圏（レーベンスラウム）という話が出てきます。日本というとんでもない国が満洲国をつくってレーベンスラウムをつくろうとしたというのです。この本は、それはヒトラーと変わらないとまで言う。アメリカという国自体が白人のレーベンスラウムです。しかし、この本の著者のリッグはなぜかそれを見ようとはしない。日本のやっていることを批判しますが、自分たち白人がやったことはなぜか認める。人種差別はアメリカではまだ問題になっているというのは、そのとおりです。

アメリカは白人の国で、私の考えでは八〇年前にそれに立ち向かって戦おうとしたのが日本です。そのときの日本はヒーローでした。そして、いま日本の代わりに立ち向かって戦おうとしているのはロシアのウラジーミル・プーチンだと思います。

私からすれば、プーチンは本当に二一世紀のヒーローになる人物です。グローバリズムを終わらせようとしているのがプーチンです。アメリカで、習近平はヒトラーだと言われています。習近平は間違いなく独裁者で人種差別主義者ですが、プーチンは非白人に対しても、リスペクトしていると思います。アフリカの人々などはプーチンを仲間だと思っているでしょう。

高山　それはそこに利益があるからで、プーチンは非常に打算的な政治家だという印象ですが……。

モーガン　プーチンはフランスと違ってアフリカに対してお説教しません。プーチンがアフリカの文化を尊敬して、尊重しているからだと思います。プーチンの狙いは、白人支配を砕くことにあると思います。

ウクライナのゼレンスキーは、傀儡政権です。代表的なグローバリストに支えられた存在です。プーチンがゼレンスキーのウクライナにとどめを刺すことができれば、グローバリズムは死ぬでしょう。プーチンは反グローバリズムのヒーローになると思います。

ウクライナで日本も戦ってほしいというのは帝国主義です。白人がいろいろな民族を動員して一緒に戦ってもらうというのはアメリカの典型的なやり方です。インディアンを分断して、この部族とこの部族を戦わせるのは何百回もやったことがあるし、いま日本がその罠にはまっているわけです。逆に日本がプーチンの仲間になれれば、アメリカをつぶして日本が自由になるんじゃないかと考えています。

アメリカは日本のすごさを警戒するようになった

高山　日本をよその国の規範に入れると、日本人はわけがわからなくなる。日本人はずっと独特の生き方をしてきて、たとえばアメリカが日本に対してはっきりと敵意を持ったのは日露戦争で日本が勝利したときだといわれる。

でも本当にそうなのか。私は一度調べてみたことがあります。日本が開国してから、アメリカはシカゴやセントルイス、ニューオリンズなど、あちこちで万博をやっている。日本の工芸品や大工などの職人仕事を評価して、日本の美の感覚こそ一流だとアメリカの新聞が何度も取り上げている。アメリカが先駆けて開国させた日本は、いままでの欧州のゴテゴテをてんこ盛りした芸術などは過剰な装飾にすぎないと日本の美的感覚を評価していた。ところが、一八九四年を境にそれががらっと変わってしまう。日清戦争で日本が清国に勝つと、日本を警戒しようという流れが強く出てくる。

モーガン　おっしゃるとおりです。

高山　まだ日露戦争の前です。日清戦争で勝利したというだけでなく、この年には様々なことが起きた。一つは香港でペストが流行した。ペストは一四世紀からずっとヨーロッパ各地を席巻して、ひたすら感染がおさまるのを待つしかなかった。ところが、日本の北里柴三郎が香港に行って、たった五日目でペスト菌を発見して、伝染経路もネズミだと解明してしまう。北里が香港政庁にネズミを駆除しろとアドバイスしたら、それで感染があっという間に収まってしまった。これが日清戦争前のことでした。

同じ年にもう一つ、パリの画廊がジャポニズムを大々的に売り出した。欧州の美術界がそろってジャポニズムに影響を受けるようになった。さらに作曲家のドビュッシーまでがジャポニズムに傾倒した。

さらにもう一つ。一八九三年から四年にかけて、ハワイにいるアメリカ人が武力クーデターを起こして、ハワイ王国は滅ぼされる。アメリカはハワイ併合に向けて動きだした。白人国家がカラード（有色人種）の国を押さえるのはごく当然のことだった。一八八五年には有名なベルリン会議があって、世界を白人で分割しようとまで取り決めていて、アメリカはそのときにナイジェリアを取っている。帝国主義の時代に未文明国を分取るのはあたりまえだと思っていた。

このとき、ハワイの日本人居留民保護の名目で、日本海軍の巡洋艦「浪速」と「金剛」が急遽、ホノルルに入港した。「浪速」の艦長、東郷平八郎は、ハワイを乗っ取った白人代表にハワイ共和国誕生を祝う祝砲を求められたが、拒絶した。「ホノルルはその日、ハワイ王国の喪に服したように沈黙の中に沈んでいた」と米紙が伝えている。米国は東洋のちっぽけな国にその不埒な行いをたしなめられた格好で、世界に恥をさらした。これはテオドア・ルーズベルトをかんかんに怒らせた。蛮人の国である日本に優生学的に優れた白人国家アメリカが行儀を教えられたことが、ものすごいショックだった。

北里がやったことは五世紀かかっても白人が見つけられなかったペスト菌をたった五日で見つけたこと。もちろん日清戦争では捕虜を取っても虐殺がいっさいなかったこと。それとハワイへの抗議。それにジャポニズム。どれ一つ取っても、アメリカという野蛮な国にとってはありえない、アメリカ人がたどり着こうにもたどり着けない教養と文化と伝統を持っていることを見せつけられた。

この国はつぶさねばならないとテオドアは思った。それはアルフレッド・マハンへの書簡のなかであからさまに書いています。日本は「富士」と「八島」という二隻の戦艦を建造していた。日本にその二隻が英国から回航される前に「ハワイをアメリカは取らなければいけない。ニカラグア運河もつくらなければならない」と。日露戦争のはるか前からテオドア・ルーズベルトははっきりと日本を敵対国、つぶさなければならない国と見ていた。

つぶし方はどうするのかといえば、アパッチとチェロキーを戦わせるように、支那を手なずけなければと言って、ものすごい数の宣教師を中国大陸に送るのです。

ジョージ・アシュモア・フィッチという宣教師がいました。彼は南京大虐殺についても一章書いている男ですが、上海の日本租界の虹口《ホンキュウ》の公園に朝鮮人テロリスト尹奉吉を送り込んだ宣教師です。一八七〇年代ぐらいに中国に入って、布教した米宣教師ジョージ・フィールド・フィッチの息子です。親子二代で中国の味方をして、しかもテロリストを支援して反日をやった。

この指揮をとっていたのはもちろんアメリカ政府です。何度も言いますが、アメリカのCPI（コミッティー・オブ・パブリック・インフォメーション）が、ずっと宣教師も外交官も商社も使って、影響力工作を海外でやっていく。宣教師を組み込んで日本を排斥しつつ中国を米国の植民地化していった。

一九三六年に起きた西安事件のときに、蔣介石が張学良に幽閉される。その蔣介石を解放しに行ったのはウイリアム・ドナルドという『ニューヨーク・ヘラルド』の記者でした。この『ニューヨーク・ヘラルド』はもちろんCPIの息がかかっていた。ウイリアム・ドナルドは米国から全権委任されていたと思います。

それまでも中国人代表がパリ会議に行くとか、ロンドン会議に行くとか、国際連盟に出るとかいうときは人選から費用から主張する文言まですべて、アメリカがお膳立てしている。アメリカのそうした戦略を抜きにして日本と中国の関係論は書けない。問題はあれだけ人種差別の強いアメリカ人が、なぜ中国人排斥をやっていたのに、一転して中国人を囲い込もうとしたのか。

日本人より中国人のほうが素敵だというのは、蔣介石になって初めて『TIME』誌が書いて、パール・バックはノーベル文学賞をもらった。

モーガン　そういう矛盾がずっと続いています。先ほどの『ジャパンズ・ホロコースト』を書いたブライアン・リッグは海兵隊員でしたが、日本はナチスよりもひどくて、アジアで三〇〇〇万人以上を虐殺したというような、ありえない情報工作をしかけている。

高山　大高未貴さんが真正面からこの本を取り上げて、なぜこういうことを書くのはユダヤ系ばかりなのかと疑問を投げかけている。

モーガン　ここはポイントの一つです。大高先生のご本を読ませて頂いて、素晴らしい本と思います。大変勉強になりました。私の考えでは、リッグの本は、アメリカン・リベラルが書いた本だからトンデモ本となったと思います。あの本を書いたリッグはユダヤ人ですが、海兵隊の人間です。そちらのほうが重要だと思います。アメリカの場合はユダヤ人にしてもクリスチャンにしても、白人のアメリカ人であればたぶん人種差別主義者です。

先ほど先生がおっしゃったとおり、アメリカ人は日本という国は文化的にもすぐれているし、戦争もできる国なので怖いと思っている。非白人なのに自分たち白人よりも優越している国である日本が恐ろしいのです。

なぜアメリカ人は中国人とは仲よくできるかというと、お互いに残酷だからです。

高山　それはそうだね。大声は出すわ、人はだますわ、うそはつくわ。

モーガン　中国の文明はその昔の孔子がいた時代は栄えていたというイメージがありますが、中国の漢人という民族自体が、あいまいで不確かな存在で、王朝の歴史もほとんどが異民族の支配によるものでした。

高山　錯覚しがちですね。中国人が優秀だと思っているのは中国人の宣伝だということです。『世界史の誕生』で、有名な岡田英弘氏に言わせれば、漢民族などすでに中国にはいない。異民族が何度も混ざっていて、純粋な漢人はいなくなっている。岡田先生は、モンゴル帝国から世界史が始まると言って、中央アジアこそが文明、文化の原点で、それが四方に広まったという。ただ、中国は東側へ行くとその先は海になって文化も文明もここで吹きだまる。実はそこに漢民族という奴隷のような存在がいた。異民族が支配しているときは文明が栄えるけれど、たまに異民族が来ないときがある。そういうときに漢の劉邦が立って、漢民族の国をつくった。四〇〇〇年の歴史といっても、漢という国ができて初めて、「漢民族」という自覚が生まれた。ところが、漢民族の王朝になったら文化レベルがすごく下がってしまった。中国の博物館に行くとよくわかります。秦から漢になったとたんに文物のレベルがどんどん落ちてしまうのです。

モーガン　崖落ちですね。

高山　もう一つ、始皇帝がつくったものを漢人たちは全部、自分のものにしてしまった。字も漢字と呼ぶことにして、それで漢字になる。それまでおまえたちは、どんな字を使っていたのかと言われると具合が悪いから、春秋戦国の前の時代に「夏《カ》」という架空の国をつくって、そこに名君がいて、それが漢民族の始祖だという嘘の歴史をつくった。漢のときに『史記』も書かれる。ところが、漢が亡びると、また異民族が北方から入ってきて、最後の満洲民族まで漢人はほとんど顔を出せなかった。

　では、彼らの歴史とは何かといえば、『三国志』にしろ、孔子が書いた『論語』にしても、異民族支配されている合間に漢民族がいたときの話しかない。唐の玄宗にしても彼は鮮卑の出だから悪くしか書かない。安史の乱の安禄山はソグド人だった。ソグドはイラン人と同じ言葉を話す。ウイグルへ行くと、私はイランにいたからイラン語でちゃんと話は通じる。

モーガン　私は、楊海英先生の本が大好きでよく読みますが、楊海英先生の本を読めば中国はたいしたものじゃない、と思わせられます。楊先生は、モンゴルのオルドスの出身ですが、モンゴルから見れば中国がよくわかるということですね。

髙山　楊海英さんの本を読めば、中国の恐ろしさがよくわかります。モンゴルも残忍だけど、中国人の残忍さがよく理解できる。

モーガン　私はアメリカに対する楊海英になりたい。アメリカはたいした国ではないし、殺戮ばかりする国なんだと、日本人を説得したいと思います。

日本はカルタゴの悲劇にこそ学べ

髙山　革命もいいけれど、その前に日本人を教育しなければいけない。

ローマ帝国のスキピオがカルタゴを打ち破った後、カルタゴに対してつきつけた条件を塩野七海さんが列挙しています。次の一〇項目です。

一、ローマは、以後カルタゴを独立した同盟国と見なし、カルタゴ国内の自治権を尊重する。カルタゴ領内にローマの基地も置かず、駐留軍も残さない。また、第二次ポエニ戦役勃発以前にカルタゴの領土であったアフリカ一帯の領有は、これを完全に認める。

二、カルタゴは、シチリア、サルデーニャ、スペインにある海外のカルタゴ領の、領有権を全面的に放棄する。

三、カルタゴは、マシニッサが王位につくヌミディア王国を公式に承認する。

四、カルタゴは以後、ローマと同盟関係にある国や都市に戦いをしかけない。

五、ローマ側の人間でカルタゴの捕虜になっている者は、全員釈放する。カルタゴ側の人間でローマ側の捕虜になっている者は、講和の締結後に釈放する。
六、三段層軍船十隻を除いた全軍船と、軍用に使われている象のすべてを、ローマ側に引き渡す。
七、アフリカの内外ともに、以後カルタゴは、ローマの承認なしには戦争をしない。
八、講和が発効するまでの期間、アフリカに駐留するローマ軍の経費を、カルタゴは負担する。
九、賠償金として、一万タレントをローマに、五〇年間の分割払いで支払う。
一〇、カルタゴがローマとの講和条約を守るとの確証がもてるまでの歳月、スキピオが選抜するカルタゴ人の子弟で一四歳から三〇歳までの若者一〇〇人を、ローマに人質として送る。

軍象をローマが奪い、交易の船を除いて船を造らせなくさせてカルタゴを無力化した。さらにカルタゴの子弟をローマに留学させるといった厳しい条件をカルタゴにつきつけた。

モーガン　それは日米同盟そのものですね。

髙山　憲法を変え、軍備をなくし、フルブライト留学生をアメリカに送れというのは、ローマがカルタゴを亡ぼすために押しつけた条件と同じなんです。

こうした条件を呑ませて農業国家にまで落とし、戦えない国にして、子弟は全員、ローマ人化しようとしたけれども、とうとう隣のヌミディアが攻めてくる。そこでやむなくカルタゴは、ローマに断りなしに戦争する。そこで、ローマは、「交戦権を認められていない」という口実で、カルタゴを滅ぼしてしまう。城壁も何も壊して、カルタゴ人は全員を奴隷に売って、その後は塩をまいて草木も生えない荒れ地にする。いわゆる「カルタゴの春」です。

もう一つ、カルタヘナとか、カルタゴには植民地が各地にあった。それをローマは全部取り上げた。アメリカは、日本から台湾も朝鮮も全部取った。国民党の蔣介石の私的顧問だったオーウェン・ラティモアというワルが、日本をカルタゴ並みに扱うべきだと書いている。こういう歴史を日本人に教えておかなければいけない。

いまアメリカのやっているのは、カルタゴ化の途中経過なんです。いま日本人はだめだと言うけれど、たとえば日本の憲法学者がだめだといっても、憲法の長谷部恭男にしろ、その前の芦部信義にしろ、みんなアメリカに連れていって、教育してきた。その最大のものがフルブライト奨学金で、アメリカの戦後統治政策はここに極まる。

モーガン　フルブライトはカルタゴ奨学金です。ハーバードのケネディスクールもそうですね。

髙山　ばかなことに、日本の新聞記者はフルブライト同窓会をつくっているそうです。世界にそういうフルブライト出身者の団体が三一もあるけれど、日本には五つか六つあるらしい。日中友好協会もありすぎだと、だれかが文句を言っていたけれど、それ以上にフルブライト奨学金が問題ではないかと言いたい。

モーガン　教育はもう間に合わないと私は思います。だけど暗殺はいい教育だと思います。国民は一気に目が覚めるでしょう。

カルタゴは仕方なくローマの条件を全部受け入れて滅亡させられた。だから日本は、立ち向かって戦う。それも、こっそりやる。たとえば、トランプはウクライナ戦争の停戦に向けてロシアとの交渉を急ごうとしていますが、ウクライナ戦争は交渉しだいでは、日本の利益になるはずです。こっそりロシアと交渉して、北方領土の返還を条件に、日本はウクライナ戦争でロシアが奪った領域をロシア領だと認めるというような取引ができれば、日本の利益になるはずです。もちろんアメリカ抜きの交渉です。

高山　ところが、いまの岩屋毅外相はまったく逆の動きをしている。岩屋外相はバイデン政権の最後の時期にウクライナに行って、援助を続けると約束してしまっている。さらに岩屋の議員宿舎には女が忍び込んでいる。プレゼントが先に届いてしまったら、交渉も何もない。日本以外の国はしたたかです。

日本ハズシがすでに始まっている

高山　ただ、暗殺もいいけれど、日本が一国だけで生きていくのは非常に難しいし、いまは大きなブロック経済圏になろうとしているから、その場合の地政学的な位置づけと戦略の組み直しをしないと、なかなか一国だけで日本独立は難しい。

モーガン　すでに日本は孤立しています。いまはアメリカがパートナーだと言われていますが、すでに捨てられていると考えたほうがいい。

私が言いたいのは、日本という国は先ほどから言っているレーベンスラウムには入っていないということで、すでに日本は見捨てられている。ただ、気づいていないだけです。

高山　すでに日本ハズシが始まっているということですか。

モーガン　そうです。日本が中国を抑止するとよく言われるようになった。日本が中国を抑止してくれれば、アメリカは時間をかせげます。もし米中関係が決裂するようなことになれば、日本を捨てて太平洋側まで引いて、アメリカ大陸のレーベンスラウムで要塞化するはずです。そのために日本という捨て駒に中国を一時的に抑止させているのです。

高山　それだと第二のアチソン・ラインが引かれることになる。アチソン・ラインは韓半島の外側に引かれて、北朝鮮が朝鮮戦争を始めるきっかけになった。それより、もっと外側に第二のアチソン・ラインが引かれるということですね。

モーガン　これからのアチソン・ラインはカリフォルニアです。あるいはハワイぐらいかもしれない。もうアメリカはグアム島を守り切れない。

中国から射程二五〇〇キロくらいの極超音速ミサイルが飛んで来ると、いまのミサイル防衛技術では迎撃不可能なので、アメリカはグアムを見捨てるしかないでしょう。ということは、台湾、韓国、沖縄、日本列島が見捨てられる。太平洋からさよならして、ハワイがアメリカの最後の砦になる。すでにその準備は始まっている。台湾と日本が気づいていないだけです。

高山　日本人がいま恐れているのは、トランプは台湾を交渉材料にするのではないかということです。台湾を中国に返すから、その対価としてどれだけ金をよこすかというディールです。

モーガン　トランプがグリーンランドに注目しているのは、自分たちの利益が大事だからです。自分たちはパナマとグリーンランドを取るから、中国は日本と台湾を取ればいいと言わんばかりです。

高山　なるほど、それもディールと理解すべきだというわけですね。

モーガン　もしトランプが本気で中国と戦うつもりなら、大統領就任式の演説で「日本はアメリカが守る」と明言しているはずです。しかし、トランプは何も言いませんでした。それは中国と戦う気がないということです。

高山　ただ、第二のアチソン・ラインで、ハワイまでがブロック圏になるというのは恐ろしい話ですね。

今年の春節には、中国人が日本にどやどやとやって来て、楽しそうに日本の街角を歩いているのを見て、なさけなくて、寂しくなった。

モーガン　さきほどおっしゃったカルタゴが農業の国になったということですが、日本はインバウンドの国になったわけです。インバウンドしかできない弱い国にさせられた。インバウンドで、中国の遊び場なんて本当に寂しいですよ。

日本はまず核武装して、憲法九条は残すべき

髙山　そうなると、日本は核武装しなければ独立国家として生き残れなくなる。モーガンさんが予想している世界になるとすれば、憲法改正と核武装の二つなしに日本の独立は保持できません。

モーガン　まず核武装を優先すべきです。憲法改正はしないほうがいいと私は思います。なぜなら自衛隊の指揮権を持っているのはアメリカだからです。現行憲法が唯一の障壁になっている。あの憲法九条がなければ、アメリカの都合で、日本の自衛隊員がウクライナで死んでいるはずです。

髙山　九条のおかげで朝鮮戦争にも派兵しないですんだし、ベトナム戦争にも行かず

にすんだ。イラクのときは金をせびられたけれど、あれも含めてみんな間違った戦争ばかりだからね。
問題は日本がこれからどうするかというときに、アメリカの民主党政権は日本の封じ込めしか考えてこなかった。だけど、トランプはこれまでのアメリカ大統領とは気配が違うと思う。少なくとも中国と韓国に日本をいじめさせるという構造は、かなり改善されるのではないかという期待がある。

モーガン　いま世界で起きている変化はとてつもない変化なのに、トランプ革命と言ってアメリカの政策が大きく変わるとしか日本人は思っていません。しかし、世界全体が大きく変化するのだから、そのときに日本はどういう戦略をとるのかということが、じつはトランプの第二次政権で突き付けられている。日本はそこがまだぼんやりしているわけです。

高山　さきほどもおっしゃたように日本は、プーチンも駒に使えるということですか。プーチンと交渉して北方領土とウクライナの土地を交換すればいいとか。ただ、日本人にはそういう発想もそれを実行できる人材もいない。外交で仲よくすればなんとかなるくらいにしか考えていない国民ですからね。

モーガン　鈴木宗男先生に二回インタビューをさせていただきました。鈴木先生ならプーチンと交渉は可能だと思います。彼の発言はほとんど世界の常識だと思います。それが日本の常識になっていないのが残念です。

高山　鈴木宗男さんは北海道王国の国王です。つまり、ロシアも含めてあらゆる利権に通じている。

モーガン　それはルイジアナとほぼ変わりません。地方的な王様がいます。でも、そのような政治家は愛国者です。あるいは、愛国者というよりも地方愛国者です。

高山　自分たちの土地を守るという気概があるということですね。

モーガン　鈴木先生にはそれを強く感じます。ルイジアナの政治は本当に汚いけれども、ワシントンの命令には従わず、ちゃんと地方を守ってくれる。鈴木先生の「北海道王国を私が守る」というセンスはいいと思います。

高山　森喜朗が本当はプーチンと交渉できるけど、もう体力が残っていない。高市早苗さんをもっと薫陶して勉強させるという手があるんじゃないか。

高市早苗さんにあまり期待してはいけない

モーガン　日本では、トランプに対応できるのは高市早苗〝首相〟だと期待されているようですが、私は違うと思います。高市さんは雑誌『ＷｉＬＬ』の中で、アメリカが太平洋側により関与する責任があると書かれています。しかし、高市さんや自民党はアメリカの怖さをわかっていないし、アメリカの人種差別をわかっていない。

高市さんはおとりに使われているような気がします。自民党という組織は、アメリカンパワーの日本国内の受け皿です。白人崇拝です。彼らはみんな白人はすごい、アメリカはすごい、とばかり言っている。それは昔の日本人とまったく違う。

高山　それはＧＨＱの洗脳がすごすぎるからです。

モーガン　櫻井よしこさんが最近までＧＨＱ批判をしていましたが、櫻井よしこ、あなたこそがＧＨＱだと私は思います。櫻井よしこさんは、令和版ＧＨＱです。櫻井さんや産経新聞がアメリカンパワーの媒体になっているからです。彼らを一掃しなければ日本の独立はない。彼らの白人崇拝に対して、アメリカはそんな大したものじゃないと言いたい。楊海英が見ている中国と私が見ているアメリカは同じです。

高山　自民党体制というか、自民党や官僚体制というのは戦後体制の利得者です。要するにずっと敗戦が続いているんです。

モーガン　自民党が限界ということではないですか。

高山　ただ、自民党ほど日本的なものはない。自民党こそが日本そのものです。というのは、一回だけ民主党が政権を取ったけれど、やはり自民党に戻っていくのは地方の利権とか人のつながりとか、そういうことをすべて含んでいるのが自民党という政党だからです。

町会長というか、町会や昔の村長がいて、日本の合議体が形成されている。だから日本には二大政党なんてありえない。あえてつくろうとすると、あの悪夢の民主党になってしまう。

いまはちょっと下がったけれども、日本の民度はものすごく高い。農村に行っても、農家の子が優秀ならば村長が養子に取って大学まで出すみたいな血のつながらない親子が、日本社会にはものすごく多い。そういうある種の共同体が生きている国だから、共同体的な議会ができてあたりまえで、戦前に無理やり二つの政党をつくったけれども、いがみ合うだけでまったくなじまないまま結局は暴走して終わってしまった。
だから、民主主義が本当に最高のシステムであるかどうかも、いまはあやしくなっている。アメリカの民主主義だって、大統領選で選挙不正があっても解明されないし、何をやっているのかわけがわからない。

モーガン 民主主義はそもそもない。日本がやっていたことは理想に近い。日本の村落共同体は、昔からきわめて民主的に運営されてきました。それは、とても素晴らしいことだと思いますが、私が嫌いなのはその素晴らしい共同体がもっているみんなの信頼を日本の政治のトップレベルの人たちがアメリカ様の都合に切り替えるという欺瞞をやっていることです。自民党のトップがみんなそれをやっていることが気に入らないのです。

高山 田中角栄はそうではなかった。安倍晋三首相もアメリカの言いなりにはならなかった。

モーガン でも、田中角栄さんは、ロッキード事件で失脚させられました。ロッキード社のコーチャン副会長の証言は、免責されたうえで言いたいほうだいでした。アメリカ側が田中首相をつぶすために意図的に流したとしか考えられません。安倍首相の暗殺もおかしなことばかりです。山上被告が統一教会の被害者家族だったことから、統一教会との関係が問題視されて、安倍派が切り崩されるなんて、筋違いもはなはだしい。

だから、革命しましょうと私は言っている。昔の日本人であれば、今の日本で満足している人は一人もいないと思います。日本の主権を占領者から取り戻すことは可能です。

高山　それだと、まるでトム・クルーズの『ミッション・インポッシブル』みたいですね。映画みたいにうまくいくでしょうか?

モーガン　でも、昔の日本の武士だったら、手をこまねいて米軍基地を見てはいないでしょう。なんらかの計画を立てて、敵の基地を自分のものにするくらいは、日本人にとっては、朝飯前のことだったじゃないですか。

高山　それは戦国時代ぐらいまでの日本人で、江戸時代になると武士も官僚化されてしまったからね。

第一列島線はアメリカにとっても死活的防衛ライン

モーガン　トランプ大統領は、関税を引き上げて自由貿易を否定しようとしていますから、ブロック経済に切り替えようとしています。そうなると、グアムや台湾はすでに守り切れないので、それを手放してアメリカだけを守ればいいと考えているかもしれません。

高山　いや、守れないでしょう。アメリカにとって第一列島線は中国が太平洋に出ようとする防波堤のような戦略的要衝だから、絶対に手放せないはずです。

モーガン　中国が沖縄、日本、グアム、台湾を取っても、アメリカは自らのレーベンスラウムを侵害されることはないはずですが。

高山　じつは南シナ海で中国の原潜を監視できないと、アメリカの核戦略が無効化されてしまうのです。というのは、中国の原子力潜水艦の水中発射型大陸間弾道ミサイルは、現状では南シナ海から太平洋の中央部にまで出てこないとアメリカを狙えません。だからアメリカは南シナ海の中国原潜の動きを常時監視している。ところが、これが中国が主張する第二列島線まで中国のものになると、潜水艦でワシントンをねらえるようになってしまうのです。中国に南シナ海の領有を主張される前に「航行の自由作戦」をやらなければいけなかったのに、オバマ大統領は、二〇一五年の九月までやらなかったのが致命的でした。

世界地図を見ればわかるけれども、千島列島から日本列島から吐噶喇《とから》列島から南西諸島から台湾まで、日本は大陸を封じ込める大城壁だったんです。

何度もそれを中国人やロシア人が突破しようとしてきたけれど、それを全部阻止したのが、日本でした。そのいわば太平洋の守り神みたいな日本を弱体化させたのがアメリカです。アメリカは国際戦略を考えたことがあるのか。本当に頭が悪いと思うんだけれども、日本弧の重要さをわかっていない。

あの時代に日本が台湾を取ったというのは、ものすごい日本の知恵だった。台湾と樺太と朝鮮半島、この三つを押さえないと日本は守れない地政学的要衝です。もっとも朝鮮半島はどうでもいいけど。

台湾を取った後に第一次世界大戦があって、日本がドイツの信託統治領を取りました。アメリカはそれに大反対していた。そのアメリカを抑えたのが英国だった。英国王は折にふれて米国を抑える動きをして、パラオからトラックまで日本に統治させて、アメリカの太平洋進出を大きく阻害した。アメリカがイニシアティブをとった第一次大戦の後に、そういう配分ができたのは大英帝国のおかげで、日本にとって大きな意味がありました。だいたい連合艦隊の第二泊地はパラオでした。

本当のことを言うと、日本が南洋を押さえなければいけない。日本が原子力潜水艦に核を搭載して南洋を全部押さえないと中国に対抗できない。

世界の海戦に革命を起こしたのは日本海軍

高山　じつは太平洋戦争中に現在の戦略潜水艦理論とまったく同じことを日本軍がやっています。伊号潜水艦の最大の潜水艦の伊四百号です。水中排水量で六五〇〇トン、全長一二〇メートルあった。いまのアメリカの原子力潜水艦バージニア級は水中排水量七〇〇〇トン、全長一一四メートルだからほとんど同じサイズだった。当時としては超巨大潜水艦だった。太平洋側から大西洋側までどこでも行けるし、飛行機を三機格納している。それで暗夜浮上して飛行機に爆弾を積んで攻撃できた。深い海に潜って敵のすぐそばまで接近して、攻撃する。この伊四百型潜水艦を日本は三隻持っていた。戦略原潜の原型として、まさに海洋における戦略の形をあのときすでに日本は変えていたとも言えるのです。

じつは、最初に海戦の概念を変えたのは日本でした。それまで欧米人がやっていたのは舳先のラム（衝角）で船をぶつけ合う、ギリシアの昔から二〇〇〇年来の戦法を、日本は日露戦争で主砲による砲撃という画期的な戦法でいままでの海上戦闘の形を変えてしまい、結果として船の形まで変えてしまった。

それで大艦巨砲時代が訪れ、その中でも世界最強の英国海軍の超弩級戦艦プリンス・オブ・ウェールズを日本は航空機で沈めてしまった。もはや海戦の主役は航空機に替わったことを証明した。

そして三度目がさきほど述べた伊号潜水艦です。これだけ世界の海戦の形を変えていったのはすべて日本だったのです。

モーガン　初めて聞く話です。ただ、そういう教訓がいまの日本にあまり残っていないのが残念です。

髙山　言葉は悪いですが、栄光の日本をいまの子供たちに教える必要がある。昔は東京でも代々木を始めあちこちに原っぱがあって、飛行機やグライダーを飛ばしていた。ヘルマン・ゲーリングだったか、だめなドイツ人の青少年にまずグライダーを教えて、航空ドイツを再生させた。日本にもそういう気概が必要です。いまは空き地があればすぐにタワマンにしてしまう。そのために米軍が基地という土地を取っておいてくれたのかもしれない（笑）。

セックスも社会の規範なしには成立しない

髙山　やはり日本は、国家意識を失わされている。じつは国家というものは個人と密接につながっている。個人というアイデンティティーは、家族から共同体を経由して国家につながる。それが国民国家（ネーション・ステート）という国家の特徴です。逆に言えば、国民国家が成立したことによって初めて個人のアイデンティティーが獲得できたと言っていいかもしれない。

個人というきわめて近代的な存在は、じつはそういう構造になっているのに、何か別に個人だけがあって、個人の命だけが重要で、個人が幸せに暮らせる生活を保障する憲法二五条が一番大事だと、それだけをいまの日本人は考えているように見える。

モーガン　天皇陛下に対する尊崇の念や共同体に対する意識がうすれてきているから、個人のプライベートなことまで、自分でなんとか調整しなければならなくなった。ＬＧＢＴＱはその典型です。

髙山　自分の内面だけを細分化して見てしまうと、生物学的なものまでがゆらいで退行していってしまう。セクシュアリティも社会の規範がはっきりしていれば、自分が男であったり、女であると決まってくる。その規範を失ったら、自らの性別すらどっちなのかわからなくなる。

モーガン　おっしゃるとおりです。ＬＧＢＴＱが出てきたのは、アメリカがすでに共同体を失っているからです。私の故郷である南部は、かなり日本に似ていて、子供のころは共同体意識が強かった。ＬＧＢＴ系の人間がいるというのは、子供のころからわかっていたし、ＬＧＢＴの人に対して偏見を持つこともなければ、それが理由でその人を嫌いになったこともない。みんなそれぞれだけど、一緒にビールを飲んでおいしいものを食べて、それが人間という存在だと思っていた。ＬＧＢＴは前からいるのにそれがいまになってわざわざＬＧＢＴだと定義されてしまう。ＬＧＢＴの当事者だって困るのではないですか。

高山　むしろＬＧＢＴ法でＬＧＢＴを増産しているわけです。

モーガン　私はこう考えます。変な話ですが、ヨーロッパはそもそも野蛮人です。キリスト教はそのヨーロッパの野蛮を抑える役割をはたしてきた。しかし、教会の歴史を調べれば、ずっと前から性虐待はさんざんありました。キリスト教会は性虐待の媒体だったわけです。

　高山先生がおっしゃった弁護士、宣教師から弁護士になったとたんにキリスト教という共通点がなくなって、みんな同じ法律の下にあって、みんな法律的に平等ということになった。

高山　法律がカノン（教義）になるわけね。聖書が法律になって、宣教師が法律家に変わって支配している。

モーガン　そうなると、宗教はじゃまな存在になります。

高山　昔は欧州というと、例えばドイツの街などが典型的だけれど、真ん中に教会があって、そこから道が四方八方に伸びている。そして、街の周りを森が囲んでいる。

モーガン　いまは、コストコが真ん中です（笑）。教会がコストコになりました。またはペンタゴンかな。ペンタゴンとコストコが真ん中になった。

高山　本当にそうなっているの？　信仰心はだいぶ薄れていると聞いていますが、ノートルダム寺院にしても、みんな観光地になっていますが、中世から脱却しようとした西洋近代のキリスト教離れは、昔のような魔女狩りや異端裁判などに比べればはるかにましで、ヨーロッパはやっとまともになったというふうに理解していましたが……。

モーガン　いまでも魔女狩りや異端審問はさんざんやられています。SNS上での炎上やキャンセル・カルチャーなどは、魔女狩りそのものじゃないですか。ヨーロッパとアメリカでは、中世がまだ終わっていない。さらに悪化していると私は思います。

いま魔女狩りはFBIが担当しているんです(笑)。CIAが魔女狩りをやっている。

高山　そういえば、シャーロットヴィルで南北戦争の南軍の名将だったロバート・リーの銅像が倒されたのには、驚きました。南北戦争は悲惨な戦争でしたが、誇りを持って戦ったのだから、ロバート・リーの銅像があってもいい。

モーガン　そういうことをやるのは、ピューリタンのヤンキーです。あいつらは恐ろしい。だから、南部は早く合衆国から離脱したいと思っている。

リー将軍はヒーローです。リーとプーチンはグローバリストと戦っている。だから二人は同じ立場です。

朝鮮半島は北朝鮮によって統一されたほうがいい

モーガン　朝鮮半島について、「正統性は北朝鮮にあるから、高麗共和国になるのがいい」とおっしゃる方がいます。

北朝鮮は金日成将軍が日本と戦ったという大義名分がある。ほとんど幻想ですけれど正統性の根拠になる。ところが韓国は、アメリカ軍が来て独立させてもらったわけで、自分たちで独立を勝ち取ったわけではない。そこに韓国の負い目がある。韓国の政府はただの傀儡政権にすぎなくて正統性がないわけです。私も同感です。朝鮮半島は早く見捨てたほうがいい。

高山　日本は韓半島にかかずらわりすぎです。韓半島は、ユーラシアでいうとアフガンと同じように、よその国を見下ろすような存在に見える。しかし、実際にはロシア、中国、日本に囲まれた中心の脆弱な部分にすぎないのです。だから明治の日本は、征韓論が出て日本はなんとか朝鮮を管理下におこうとした。

それは唐が一時、韓半島に都護府を置いて支配したのと同じです。安南（ベトナム）にも同様に都護府を置いて長らく支配したけれど、韓半島の方はすぐにやめてしまう。民の民度があまりにも低くて、治めるには手がかかりすぎ、間尺に合わなかったからです。サルを飼うほうがよほどいいぐらい。

モーガン　「教えない、助けない、関わらない」と古田博司氏は書いていますが、そのほうがよさそうですね。

髙山　いま韓国の尹錫悦大統領の戒厳令発動が失敗して、弾劾裁判と内乱罪の裁判が同時並行で行われるという大混乱に陥っています。日本の新聞がそういう韓国の政治状況を一面で記事掲載しているけれど、あんな記事は外電面のベタでいい。

本当に韓国に日本はかかずらわり過ぎです。口を開けば日本の悪口ばかり。彼らは日本の悪口を言うことで生きている。それで自分たちのアイデンティティーをかろうじて維持している。おっしゃるように日本は彼らを相手にしなければいい。

実際、安倍政権の八年間は、二〇一五年一二月の慰安婦合意以外はいっさいかかわらなかった。あの慰安婦合意は、オバマ政権の副大統領だったバイデンにごり押しされた。岸田文雄が外相のときです。

じつは二〇一五年の九月ころ、それまで静観していたオバマ政権が中国が南シナ海を領有しようとする動きを止めようと、強硬策に転じた。それで「航行の自由作戦」が実施されて、反日で凝り固まっていた韓国の朴槿恵大統領をどなりつけて慰安婦合意に持っていって日米韓の連携をつくろうとしたわけです。

その慰安婦合意も、朴槿恵大統領を引きずり下ろした文在寅が大統領になって、不可逆的解決といっていたものをまたひっくり返した。国家の体をまったくなしていない。もうこうなると放っておくしかないですね。かかずらわるからいい気になって飛び跳ねる。放っておいてもぽんぽこはねるメキシカンビーンズというのがありますが、あれと同じだ。

モーガン　なるほど。面白いたとえですね。メキシカンビーンズは置いておくだけで、本当にぽんぽん飛ぶんです。

高山　でも、今度トランプになったからアメリカンビーンズになるんじゃないか(笑)。結局のところ、トランプ大統領には何の期待もしてはいけないということですね。どうせ見捨てられる。いや、すでに見捨てられている。

モーガン　そう思います。朝鮮半島は北朝鮮が支配するほうが安定していて、まだましです。そうなれば、アメリカの基地はなくなって、中国に対する抑止にもつながる。

髙山　プーチンが北朝鮮の金正恩と軍事同盟を結んだというのは、たぶん中国を抑えるためですね。あのプーチンの北朝鮮との同盟に習近平はビビったはずです。習近平はウクライナ戦争にはほとんど協力しない。だから、北朝鮮を抑えて、北の核ミサイルで中国に脅しをかけた。短距離ミサイルでも北京に届くから。

モーガン　そう思います。プーチンは天才です。北朝鮮を押さえたのは、チェスでいうチェックメイトのすごい手です。プーチンは恐ろしいくらいの戦略家です。

髙山　いままでの思考の延長線上で世界が動くと思ってはいけないということですね。だから、モーガンさんみたいな恐ろしい、極端なことを言う人が日本には必要です。モーガンさんがおっしゃることは、日本人には極端に聞こえるけれど、じつは本質を突いている。いまの世界情勢を冷静に判断して、その中で日本は何をしなければいけないかという、ぎりぎりの最先端の問題をモーガンさんは指摘されている。

モーガン　極端に聞こえるようですが、あえて極端なことを言おうとしているわけではありません。本当のことを言っているだけです。

南部の人間では、私は穏健なほうです。南部には銃をたくさん持ってクーデターをやろうと思っている人は大勢います。南部では私はまだかわいいほうなんです（笑）。ノースカロライナの森にいる人たちは本気です。

高山　向こうの人はすぐ撃つものね。ノースカロライナやサウスカロライナはいわゆるバプティストのベルトみたいになっていませんか。

モーガン　そうです。でも、あのバプティストは先ほど申しあげたとおり、宗教はただの言いわけというかパフォーマンスです。

日米同盟に頼りきった日本の脆弱さ

モーガン　私は日米同盟について、前から懸念を持っていることがあります。日米同盟は軍事的な側面もあれば、文化的な側面もあります。軍事的な側面で危ういのは、いくらアメリカ軍が守ってくれると日米安全保障条約の第五条は有効だといっても、まずアメリカは守ってくれないだろうということです。アメリカの軍隊はこれまで負けっぱなしです。アフガニスタンを見てください。偉そうに自分たちは尊大にしていても、タリバンが目の前に現れると、アメリカ軍はすぐに逃げてしまった。

もう一つは、文化的な側面に危険がある。この八〇年間、どれだけダメージを受けてきたか。八〇年も続いた戦後体制の中で、日本はほとんどアメリカ化してしまった。「アメリカは素晴らしい。アメリカはあこがれ」と言って、アメリカの猿真似をしてきた。それで日本はほとんどアメリカナイズしてしまった。それがいまになってＬＧＢＴ法をつくったりしていることにつながっている。子供に対する性虐待も最近多発していますが、それも日本がアメリカナイズしている証拠だと思います。

髙山　ＬＧＢＴ法にしても、アメリカのラーム・エマニュエル駐日大使に言われてやってしまった。岸田政権の弱腰には唖然としました。

モーガン　岸田政権そのものも問題ですが、やはり体制の問題が大きい。日米同盟の負の遺産が、ＬＧＢＴとかラーム・エマニュエルの圧力という形で噴き出している。和田政宗という政治家がＸで「あのエマニュエルを追い出すぜ」と書いたが、やれるはずがないじゃないかと思っていたら結局何もしない。普通に考えて、あんなにやられたら「あいつを追い出せ」というのは常識なんです。あの瞬間に「エマニュエル、国に帰れ」と言えばよかったのに、だれも言わない。それを言うぐらいの勇気を持っている自民党の政治家は一人もいない。

高山　アメリカ大統領から派遣された全権大使だから、日本人が「帰れ」と言えるのかな。

モーガン　日本は、侍の国じゃないですか。戦前の二・二六事件や五・一五事件にしても、政府がやらないなら自分たちがやるという気概と精神を持っていた。昔はそういう日本人が大勢いたと思います。

高山　そういうムードは新聞が書きたてなければ出てきません。メディアが立ち位置をはっきりさせて報道したから、天皇機関説で美濃部達吉が責められ、警備の警察官まで本気で美濃部を撃とうとした。二・二六事件はともかく五・一五は新聞がほめそやして、ついには裁判官までが微罪にしてしまった。そういうムードがあったわけです。ところが、いまの新聞はそれをいっさいやらない。やらないどころか、まったくラーム・エマニュエルと同じようなことを言っている。私が少しコラムに書くぐらいでは、声にはならない。声にならなければ、暴漢も出てきません。

　ジェイソン・モーガンさんに日本の広報マンになって語ってもらいたい。なにしろ発言内容に破壊力がある。国会の前で日本国憲法を破れとか、すごいことを言う。

モーガン　私は破壊するけれど、日本人はものごとを大切に育てようとする。台湾のダムもそうだし、アジアの国々を独立させたのも日本です。

髙山　それを日本人はあっと言う間に忘れる。対して中国人は忘れているくせにそう見せないふりがうまい。田中角栄が訪中して日中友好が始まってから、「井戸の水を掘った人の恩は忘れない」と中国側は言い続けてきました。ところが、中国が発展してきて日本のGDPを抜いて世界第二位の経済大国になると、「いまは井戸はなくなって水道になった」などと平然とうそぶくんだから始末が悪い。

モーガン　自分の身を削って中国やアジアのために日本は努力してきた。日本人がよくやったということを中国人は一生忘れることがない。だから、嫌われていると思います。彼らからすればプライドに傷をつけられたからです。

髙山　日本人のほうは、嫌われる理由がわからない。自分たちの善意が善意として通じないのが、この世界だから。

売国奴の名前を実名であげて批判すべき

髙山　トランプが出てきたことでアメリカは少しはよくなりそうですが、では、日本はどうするのか。日本はアメリカに完全にカルタゴのように縛られてきた。カルタゴは滅亡させられましたが、いまはそのちょっと手前まで来ている。これをどうやって防いだらいいのか。

モーガン　私にできることは何かと熟慮したうえで、私にできるのは拝米保守を一人ひとり引きずり下ろすことだと考えました。私がこの二年間ぐらい、ずっとやっているのは、拝米保守の一人ひとり実名を出して、この人が言っていること、やっていることは売国奴だ、と批判することです。

髙山　親米保守への批判ですか。

モーガン　拝米保守です。親米ではなくて、アメリカを拝んでいる保守というか、要は日本の売国奴です。一人ひとりの実名を出して、私は真剣勝負のつもりです。

髙山　なるほど。実名で論争を挑んでいるわけですね。

モーガン　私の国アメリカはあなたたちが言うような善意の国ではない。あなたたちは、アメリカは素晴らしい、信頼できるとか言うけれども、そんなものじゃないのに、あなたたちは、ずっと嘘ばかりついている。私が言いたいのは、拝米保守の一人ひとりが言っていることがおかしいし、日本の戦後体制はこれだけ腐敗していると言いたい。

髙山　ところが、日本ではふたこと目には「日米の絆が大事で、日米同盟が基軸」ばっかりを言う。日本政治では、それが大前提になっている。たとえば中国の領土的野心を抑えるために日本と米国は手を握ろうという言葉が繰り返される。国会議員だろうと、保守の論客だろうと、みんな同じ主張です。これは本当に驚きです。

モーガン　私が考えたのは、要は戦後体制の足場は拝米保守だったということです。産経新聞の人間とか『正論』の人間とか、戦後体制を背負っている人々の一人ひとりを引きずり下ろせば、その体制がいつの日か崩れるんじゃないかと思っています。

だから、どんなメディアとでも私は話します。いろんなメディアが私のところに来る。周りからは、「彼らとは話すな」と言われていますが、それはチャンスですし、新聞を読んでくれる人が私の話を聞いてくだされればいいと思っている。

アメリカの場合はずっと民主党、共和党の戦いだと私は誤解していました。でも、結局、この戦いはただ民衆の気をそらすためにやっているだけで、本当の敵はワシントンだったのです。共和党と民主党はただの舞台のパフォーマンスにすぎないのです。劇場自体を壊せばいいのに、ずっと劇を見ていた私はばかみたいだったと反省しているのです。だから、朝日新聞が来てくれたら、私は大喜びします。大嫌いですけれど、彼らも使えますからね。

傲岸不遜な朝日新聞の壁はまだ厚い

髙山　私は同じ新聞記者として朝日の記者とも付き合いながらいろいろやったけれども、いま思い出しても腹が立つようなことがあったので、新聞として私は認めていない。

一九八四年、私がまだ社会部のデスクのときです。朝日新聞が「旧日本軍が中国で行った毒ガス戦の現場」として一面に大きく写真入りで報道した。この記事の写真説明では中国・南昌の渡河作戦の一コマとされていたが、毒ガス戦とは全く関係のない別の戦闘場面だった。

当時、従軍した元将校たちが『場所も違うし、立ちのぼる煙も毒ガスでなく、ただの煙幕』と証言したと産経新聞が書いたら、朝日新聞の佐竹昭美という部長が「今から行くから編集局長を待たしておけ」という。朝日が来ると言ったら、「ケツひっぱたいて追い返しちまえ」と言うのかと思ったら、「俺、ちょっと用があるから、きみ、代わりに言え」とか言って、局長も局次長も、社会部長まで逃げてしまった。そしたら佐竹がのこのこ編集局にやってきた。私が一人で対応した。

怒鳴る怒鳴る。「一体、この記事はなんだ！　朝日に因縁つけるとはいい度胸だな！」「有り難うございます」「誉めているんじゃない！」。とにかく悪口雑言の嵐だった。おまえは生意気だと散々怒鳴られて、最後には、「産経ごとき、叩き潰してやる！」とまで言われた。

新聞社はそんな傲岸不遜ではない。記事にクレームがつけば、普通はまず担当部も校閲も徹底的に調べ直す。ところが、朝日にはそれがない。「天下の朝日」に他社が因縁をつけることが許せないと考える。まったく異常というしかない。

モーガン　それは本当。おっしゃるとおりです（笑）。

高山　先年亡くなられた西尾幹二さんも、「歴史教科書をつくる会」の運動を始め、いろいろ言論活動をやったけれど、なかなか日本社会には浸透しないと嘆いておられた。それぐらい戦後ＧＨＱのつくった壁が厚いし、朝日の壁も厚い。

一年とは言わない、半年でいい。新聞が歴史にふれたりしながら事実を書き続ければ、日本人も覚醒すると思う。やはりメディアがいけない。日本の目にふれるメディアは、いまあまりにもゆがんでいる。

モーガン　いまチャンネル桜が挑んでいるのは、そこじゃないですか。本当のことを言っているのはチャンネル桜ぐらいのような気がします。

高山　いまはＳＮＳやユーチューブでそういう情報は流れているけれど、やはりメインのメディアが動かないと。ユーチューブはユーチューブという限界がある。メインのメディアが変わらないことには、どうにもならない。

モーガン　トランプの記者会見には、ニューメディアという席が最近できました。私の大好きな『ブライトバート』という「極右メディア」（笑）の席も用意された。

アメリカでは車を長時間運転する人が多いので、昔からラジオは重要なメディアでしたが、それがいまはポッドキャストにとって替わられています。トランプはそのポッドキャストで人気の高いポッドキャスターの番組に続けて出演しました。とくに効果的だったのが、一番人気を誇るジョー・ローガンの番組（The Joe Rogan Experience）に出演したことでした。ジョー・ローガンとのインタビューを三時間ぐらいやりました。カマラ・ハリスにはそれができない。彼女は三〇秒ぐらいしか話が続かないからです。

　ということは、アメリカでは、メインストリーム・メディアは死にかけている。もう影響力がありません。日本でも同じような現象がこれから起こるんじゃないかと期待したい。国民がやっぱりだめだったとあきらめる可能性はありませんか。

高山　これも日本人の特性ですが、大東亜戦争でもそうですが、日本人は戦地に行った兵士たちも全部、日記やノートに記録する。それを米軍の通訳士官だったドナルド・キーンが兵士の手紙などを集めて読んで、日本軍内部の動きを知るわけです。その記録癖、読み癖は日本民族特有のものですね。

　最初、日本は明治維新で新聞をつくったときに、新聞講和会を各村や町で開きました。文字が読める人が読んで、そこには大人から子供まで行って世の中で何が起きているかを知りました。その新聞を書くのが記者と探訪の二種があり、記者はいままで言

う と評論や社説を書く人。探報はいまで言う社会部記者で、社会で起きたできごとを書く。新聞の部数がまだ少ない時代は、町ごとにそういう講話会が開かれて、それが習い性となって、日本人は新聞活字から離れられない民族になった。

だから、私はまだ楽観している。どんなことがあっても、活字新聞はなくならないと思っています。日本人もインターネットで電子画面、映像では見た気がしないし、何か重要なことがあると、私はいまでもプリントアウトする。活字にしておかないと気がすまない。

モーガン　日本の知り合いが、活字に癒やされていると言っていました。まさに私も同じです。私は活字を読んでいるだけで落ち着く。紙に書いた文字を読んで癒やされているのは私だけだと思ったら、日本にも同じようなことを言う人がいた。活字は薬みたいな存在ですね。

髙山　日本は戦争中に物資不足で本も出なくなっていました。それが、戦後になって紙の統制がなくなると、カストリ雑誌を含めて雑誌や本がいっせいに発行されて、みんなが活字をむさぼるようにして読みました。

玉音放送の一カ月後に刊行された『日米会話手帳』は戦後初の大ベストセラーにな

った。発行部数は三〇〇〇万部とも四〇〇〇万部ともいわれる。たしかにこれは日本民族の強さです。

メディアが覚醒するためには、まず朝日新聞が変わらなければどうにもならない。ところが、いまの朝日新聞は一面から感想文ばかり書かれている。事実は書いていない。それも日本のではなくて、ウクライナとかイラクとかで、どれだけ人々が悲惨な状況におかれていて、可哀そうだっていうだけなんだからあきれる。

モーガン　本当に小学生の感想文みたいな文章が堂々と掲載されていますね。

高山　その一方でメディアは政治的な動きをしていて、森友加計学園問題を始め、いまの安倍派つぶしに完全に加担しているのも問題でしょう。大手メディアだけでなく、フリーという、わけのわからないジャーナリストたちがまたきわめて政治的な活動をやっていて、世論をおかしな方向に誘導するような動きが組織的になされているのも問題です。

鈴木エイト、横田一、望月衣塑子、あとは元朝日新聞記者でアークタイムズをつくった尾形聡彦といったジャーナリストが記者会見を我が物顔で乗っ取っている。

モーガン　ただ、あの四人は若者たちの間でももう嫌悪されているようです。そういう意味では、メディアは四年前の大統領選のバイデンジャンプのときよりも、日本全国で日本メディアはもうだめだと思っている人がずいぶん増えたと思います。偏向報道がすごいので、若い人も東京新聞はだめだ、朝日新聞もだめだと思っている。

昔、朝日の偏向報道のすごさは、髙山先生の本を読まないと、わからなかったけれど、いまはSNSで「朝日がまたこんなことを言っている」とか批判が出ます。

髙山 それでこっちの本の部数が減るんだ（笑）。

日本の腐ったメディアを覚醒させよ！

髙山 日本をこれからどう再生させるかというときに、メディアの覚醒が、一つの大きなポイントになるだろうと思っています。メディアが覚醒すれば、憲法問題なども自ずと解消していくはずです。

日本のメディアは全部、アメリカのいわゆるメインストリーム・メディアである『ニューヨークタイムズ』『ワシントンポスト』の主張をそのまま引き写しで報道しているだけです。これを変えていかないといけない。

モーガン　大きなトレンドとしては、アメリカ人はもう新聞購読はしなくなっています。『ニューヨークタイムズ』はますます偏向が激しい。『ワシントンポスト』は、ジェフ・ベゾスの影響で記者がかなり辞めました。テレビも同じ方向です。CNNは死に体ですし、ABCなども死にかけています。トランプは、SNSやポッドキャストなどのニューメディアを追い風にしようとしている気がします。

でも、日本のメディアを見ると、テレビは良心のない平気でうそをつく人間ばかりです。『ニューヨークタイムズ』が崩れても、自分の報道を変えようとはしないでしょうね。

髙山　日本の場合は、米国民主党政権万歳というメディアばっかりで、特派員もそういう記事しか送ってこない。そういうニュースを解説する側も、中林美恵子や海野素央のような民主党リベラル寄りの解説者ばかり。上智大学の前嶋和弘を含めて、みな反トランプです。彼らが代わりばんこにテレビに出てトランプはどうしようもない風の報道をする。だから、日本のテレビを見ている限り、トランプは大悪人にしか見えない。

そこにびしっと、トランプがメディアのあり方を正すようなことがあれば、それをお手本にして日本のメディアも変わるかなという、はかない望みを持っている。他力本願ですけどね。

モーガン　私は、フェイクニュースだと思った事例を、チャンネル桜などでよく批判しています。その動画が「バズっている」と何度か言われたことがありますが、もしバズったらフェイクニュースだったことが多くの人たちに伝わります。

元NHKでいまテレビ朝日のニュースキャスターをやっている大越健介を私はかなり批判していますが、そういう動画をバズらせれば、日本のフェイクニュースメディアに騙されている一般国民の目が覚めるチャンスになるかなと思っています。

髙山　名指しするのが一番効果的ですね。この前亡くなった屋山太郎さんが「よくこんなことを平気で書きますね。髙山さんを見習おう」と言って、それから屋山さんは実名で批判し始めました。

モーガン　言っているのは本当ですから、名指しがいいです。本当のことを言っているので、訴訟になっても仕方がないんですが、おかしなことに反論はいっさい来ません。

櫻井よしこ、古森義久、先ほど言及した朝日系自称「ジャーナリスト」など、いろいろな人の実名を出してさんざん言っている。けんかを売りたいけれど、買ってくれない。このシーンとした状態がおかしい。

髙山　いまは論争がなくなりました。その犠牲になったのは、実は日本の保守論壇でした。たとえば私も関与した「新しい教科書をつくる会」は、会を主導した西尾幹二さんと八木秀次さんのけんかになってしまった。叩くべき左の学者はいたのに、彼らは何も反論してこないから、保守同士でやることになっちゃう（笑）。

いまは飯山陽と百田尚樹がけんかしている。要するに戦うべき相手は左なのだから、左のやつがおかしなことを言えば、それを叩けばいい。ところが、彼らは絶対に議論の土俵に乗ってこない。

モーガン　私はちょっと考え方が違います。戦うべき敵は、右にも左にもいる。身内である保守にも、フェイクな保守がいっぱいいる。日本保守党の内紛もお金を稼ぐためになっているように見えます。彼らも批判しながら、一方で朝日新聞もつぶす。いままでどおりの常識では敵と味方が区別できない。感想文レベルしか書けない朝日なら批判するのは簡単です。でも、産経新聞一同などは愛国者を装っていて、保守みたいに見える。でも、実はばりばりのネオコンで、アメリカ人からしても日本人からしても、恐るべき敵だと思います。

トランプ頼みではなく、日本自身で目覚めないといけない

高山　でも、トランプ政権の中にけっこうネオコンが入っていますね。

モーガン　入り込んでいますし、トランプにはあまり期待しないほうがいいと私は思います。国務長官になったマルコ・ルビオは代表的なネオコンですし、国防長官のピート・ヘグセスはネオコンの中のネオコンです。国連大使になったエリス・ステファニクはニューヨークの政治家で、ルビオを上回るほどのネオコンそのものです。

気づいてみたらトランプの周りはネオコンばかりです。国家情報長官になったトゥルシー・ギャバードはまともな人間だと思っていたらCIAにひざまずいて、彼女もネオコンになった。こうなってしまうと、トランプはディープステートに勝てないと思います。

高山　なるほど。当たり前だけど、日本は自分で目覚める以外にない。ただ、少なくともトランプが大統領でいる間のほうがやりやすいでしょう。バイデンが大統領の時

代は、どうにもならなかった。

モーガン　そうだと思います。いまがチャンスです。扉が少し開いた感じです。

高山　ちょっと開かずの扉が開いたから、そのドアをぐっと開けないといけないということですね。

モーガン　そうです。その扉が爆発してバーンとなかに入れるようになる。いまがそのタイミングだと思います。

高山　天岩戸の話がありますね。長野の戸隠山にまつわる話です。天岩戸から出られた天照大神が、天岩戸の扉を放り投げた。その岩戸が長野まで飛んでいって、それが戸隠山になったという伝説です。天岩戸の「戸」を「隠」す「山」という名前がついた。天照がお隠れになった岩戸をいまこそ吹き飛ばす。そのためにはメディアが再生しないといけない。

モーガン　いまがその最後のチャンスかもしれないですね。

あとがき

髙山正之

第二次トランプ政権が始まって早々に、世界を驚かせるような事態が連続して起きている。トランプは、メディアの目の前で支援を求めてきたゼレンスキー大統領と大喧嘩し、対ウクライナの支援を打ち切るとまで言い出した。

世界はただあっけにとられ、トランプがどこまで暴走するのか、不安を通り越して不気味にさえ感じさせた。

しかし額面通りに受け取るべきとは思えない。首脳会談は「冒頭五分をメディアに公開」が通常の形だ。トランプはそれをわざわざ五〇分も引き延ばし、バンス副大統領も一緒になってゼレンスキーを公開で罵り倒した。それはいかにも演出臭い。

では何のための公開喧嘩かと言えば、その後の出来事がいい答えになっている。まずEUが軍事費を一挙に倍増してウクライナ支援に動きだした。マクロンはフランスがアメリカに代わって欧州の核の傘を担うと宣言した。

トランプは「ガザを買い取る」とも言った。それまでパレスチナ問題に同情は示すけれどカネを出し渋っていたアラブ諸国が俄かに団結してガザ再建に取り組み出した。アメリカがなんとかしてくれるだろうという甘えが消し飛んだ。ということは、その他の暴言にもそれぞれに深い意味があるように思う。

トランプは、パナマ運河をアメリカのものだからアメリカが仕切ると言い、デンマーク領グリーンランドもアメリカの領土にすると言った。

南北アメリカに加えてパナマ運河とグリーンランドを含む地域における生存圏（レーベンスラウム）に立てこもるつもりのように見えるが、それにも別の解釈ができないか。

パナマは元コロンビアの最北の州だった。それをセオドア・ルーズベルトが工作して独立運動を起こさせ、アメリカ軍が乗り込んで独立させ、その謝礼と称して国土のど真ん中にパナマ運河を通した。パナマはずっとアメリカの植民地で満足してきた。

しかしカーターがパナマを親切にも独立させ運河もパナマのモノにしてやった。

見かけは善意の措置に見えるが、これほど米州の安全保障を危うくするものはない。

実際、すぐに支那が出てきて、いまや支那人始めその他不法入国者がアメリカに潜り込む裏口と化し、併せて支那の麻薬フェンタニルの陸揚げ埠頭に変容した。嘘と思うならパナマに行くがいい。漢字の標識がアメリカ国境まで続いている。

グリーンランドも同じ。支那はここのレアアースを狙っている。世界中のレアアースを漁《あさ》る作業の一環で、あの傲慢で無頼の中国が世界の覇権を握ろうとしている。

もっと言えばロシアの正教会を憎むカソリック諸国がウクライナを取り込んでロシアを孤立させようとしている隙に中国は一帯一路とか言ってハンガリーもセルビアもチェコもポーランドも籠絡《ろうらく》し、東欧縦断新幹線まで計画している。平たく言えばNATOを分断する気でいる。

一見バラバラに見えるトランプの作業のすべては白人諸国の団結と支那の封じ込めという構図に収斂《しゅうれん》する。根拠の一つはハンティントンの『文明の衝突』が描く第三次世界大戦だ。

中国とイスラムが手を握り、それに優柔不断の日本が加わる。対する白人国家群はアメリカと欧州が手を握り、対立していた東方正教会のロシアと連携して北と東から中国・日本連合を攻めて滅ぼす。日本は再び瓦礫の島と化す。

ハンティントンは白人国家群と中国の対決は避けえないとして、「東欧諸国、バルト三国の取り込み」と「日本が中国に接近しないよう」に図る。そして最も重要なのが「ロシアを正教会の中核国家として承認すること」を挙げている。

この視点から見るとトランプの動きが多く符合するように見える。トランプはいま、日本にアメリカに頼る姿勢の破棄と自立を要求している。それは中国の日本取り込みを妨げる策の一つと取るべきだろう。

中国との対決が迫る中で、日本はあまりにものんびりとし、国を守る気概もみえない。確かに戦後八〇年、日本はアメリカによっていいように食いものにされ、自立も忘れさせられてきた。日本人にはアメリカしか見えていない。ただ憧れ、アメリカのご機嫌だけを気にしてきた。それがアメリカの民主党の政策だったが、それをトランプが壊そうとしている。

今回の対談相手のジェイソン・モーガンさんは、おそらくどの日本人より激しく日本の状況を怒っている。アメリカ大使など暴行されてもおかしくないとか。その激しい怒りの原点は、モーガンさんが南部人という自覚にあるようだ。

南部人も日本人と同じに南北戦争に負け、リコンストラクションという日本の戦後に似た洗脳を受けてきた。モーガンさんら南部人はそれをいまも怒って、ヤンキーと呼ぶ「悪いアメリカ人」を嫌う。

ペリー以来、日本に接したアメリカ人はみなろくでもなかった。タウンゼント・ハリスは銀と金の国際交換比率を隠して日本から一〇トンを超える小判を持ち出したし、セオドア・ルーズベルトはロシアに味方して一ルーブルの賠償金もなしにした。浅はかな中国人を扇動して日本と戦わせた。そして日本を戦争に引きずり込んでおきながら日本人を卑劣と罵《ののし》る。

戦後はもっとあくどい形で日本経済をつぶした。トランプが尊敬するレーガンは日本の半導体に一〇〇%の関税をかけた。

本書では、そうしたアメリカの黒い歴史について、突っ込んで議論をたたかわせた。アメリカはすでに日本ハズシを決めているというのがモーガンさんの認識だ。日本に残された時間は少ないとも言う。

しかし、ズルく計算高い米民主党に日本と同じようにいびられてきたトランプがいま、そのアメリカの病巣をつぶしにかかっている。日本にとってそれが不毛の戦後を終わらせるいいチャンスのように見える。

本書のあちこちで触れているように日本人は白人如きが思いもしない凄さを持っている。日本人が自らの歴史を取り戻せば日本は再生できる。本書がそのための手助けとなれば幸いだ。

髙山正之 （たかやま　まさゆき）

1942年東京生まれ。1965年、東京都立大学法経学部法学科卒業後、産経新聞社入社。社会部次長を経て、1985年～1987年テヘラン支局長を務め、イラン革命やイラン・イラク戦争を取材。1992年～1996年ロサンゼルス支局長。1998年より3年間、産経新聞夕刊にて時事コラム「髙山正之の異見自在」を執筆。2001年～2007年まで帝京大学教授。『週刊新潮』「変見自在」など名コラムニストとして知られる。著書に、『アジアの解放、本当は日本軍のお陰だった！』（ワック）、『変見自在　ヒットラーは生きている』（新潮社）、『アメリカと中国は偉そうに嘘をつく』『中国と韓国は息を吐くように嘘をつく』『韓国とメディアは恥ずかしげもなく嘘をつく』（徳間書店）など多数。

ジェイソン・モーガン （Jason Morgan）

1977年、アメリカ合衆国ルイジアナ州生まれ。麗澤大学准教授。日本史研究者。テネシー大学チャタヌーガ校で歴史学を専攻、ハワイ大学大学院では、中国史を専門に研究。フルブライト研究者として早稲田大学大学院法務研究科を経て、ウィスコンシン大学で博士号を取得。著書に『バチカンの狂気』（ビジネス社）、『日本が好きだから言わせてもらいます　グローバリストは日米の敵』（モラロジー道徳教育財団）、『私はなぜ靖国神社で頭を垂れるのか』（第七回アパ日本再興大賞受賞作、方丈社）、共著に『逆襲の時代　脱DS支配　これからを生きるための真・世界認識』『プロパガンダの終焉　トランプ政権始動で露呈した洗脳と欺瞞』（徳間書店）など多数。

戦後80年の呪縛
日本を支配してきたアメリカの悪の正体

第1刷　2025年4月30日

著　者／髙山正之
　　　　ジェイソン・モーガン

発行者　小宮英行
発行所　株式会社徳間書店
　　　　〒141-8202　東京都品川区上大崎3-1-1 目黒セントラルスクエア
　　　　電話　編集03-5403-4344／販売049-293-5521
　　　　振替　00140-0-44392

本文印刷　本郷印刷株式会社
カバー印刷　真生印刷株式会社
製 本 所　ナショナル製本協同組合

ISBN978-4-19-865990-5